中国社会科学院创新工程学术出版资助项目

孙同全　潘　忠■著

# 社会企业道路

# A PATH TO SOCIAL ENTERPRISES:

## ——中国公益性小额信贷组织转制问题初探

Institutional Transformation of Public-Interest Microfinance Institutions in China

社会科学文献出版社
SOCIAL SCIENCES ACADEMIC PRESS (CHINA)

# 摘　要

中国小额信贷起源于20世纪90年代中期借鉴国际经验进行的小额信贷扶贫实践，这些实践活动最初都是以小额信贷扶贫项目的形式进行的。为了能够长期向低收入人口提供融资服务，20世纪末小额信贷项目开始机构化，出现了专门从事扶贫的小额信贷机构。由于小额信贷资金基本上都是来自国内外公益捐赠和政府扶贫专项资金，这些机构都采用了非政府组织的形式，如社团、民办非企业单位、事业单位和基金会等。有些小额信贷项目没有机构化，但是由准政府性质的组织管理和操作。这些机构可以被统称为非营利组织。由于这些机构从事的小额信贷是以扶贫为宗旨，因此，这一类小额信贷亦被称为公益性小额信贷。

公益性小额信贷不仅直接解决了许多贫困人口发展生产、提高生活水平的融资困难，加快了小额信贷服务区域内人民脱贫致富的进程，而且在我国扶贫资金利用模式创新、农村金融组织创新、产品创新、机制创新等方面都发挥了重要的试验和示范作用，成为其他几类小额信贷形式产生和发展的先导，加快了我国扶贫方式改革和农村金融市场改革的步伐。小额信贷已成为农村金融直接服务于“三农”的重要组成部分。因此，从2004年至2010年的中央一号文件都将发展小额信贷作为促进农民增收和农村发展的重要措施。

但是，近年来公益性小额信贷的发展迟滞，有些机构甚至呈现萎缩之势。公益性小额信贷是依靠捐赠资金发展起来的，但是捐赠资金来源不稳定，数量也有限，不能为小额信贷的可持续发展提供稳定的支持。近年来，小额信贷市场对社会责任投资和商业性资本都产生了很大吸引力，但是，由于公益性小额信贷机构缺乏明确的经营金融业务的合法地位以及采用非营利组织形式，为其融入这些资本带来了巨大障碍，影响了公益性小额信贷规模的扩大。

在此背景下，非营利组织小额信贷机构转制之风渐行，有的从社团转制为民办非企业单位；有的引入私人资本从非营利组织转制为股份制的小额贷款公司；有的转制为以扶贫为宗旨的资产管理公司；有的新成立的小额信贷机构直接注册成为以扶贫为使命的非营利性公司；有的表面上没有转制，但是以各种形式吸收员工入股等。

为什么公益性小额信贷发展得这样缓慢而艰难？除了组织形式给融资带来困难之外，是否还有其他的内在原因？怎样从理论上来解释这些原因？转制为营利组织形式的公益性小额信贷机构能否继续坚持以及怎样坚持其社会目标？这些都是当前我国公益性小额信贷发展所面临的重大问题，不仅需要大胆的实践，更需要深入的理论探索，为实践提供借鉴和指引。

本书从组织制度的定义和形成机制入手，认为组织是效率机制、合法性机制和共同目标机制作用的结果。制度经济学认为，交易是经济分析的基本单位，任何交易都有成本，当交易成本达到一定程度就会产生经济组织，以减少交易成本；组织规模扩大到一定程度就会停止，因为此时组织内部的协调等交易成本过大，即组织有其边界；这样就产生了组织与组织的合作，形成了关系比较稳定的关系性契约，此谓效率机制。组织社会学认为，任何组织都处于一定的网络之中，并在其中发挥自己的作用，而把这些组织联结成一个稳定的网络结构的机制是这些组织的共同目标，此谓共同目标机制。各种组织或组织网络的结构和运行方式都必须合乎法律规定、社会规范（包括道德、习俗、社会期待等），此谓合法性机制。一个组织目标的设定反映了组织创建人的自由意志，同时组织制度变迁受到"内部人"利益的重大影响，在本书中前者被称为自由意志决定机制，后者被称为利益平衡机制。任何一个组织的形成和制度演变都是这些机制共同作用的结果。

本研究发现，公益性小额信贷组织制度的形成和变化，从项目形式到非营利组织形式，从非营利组织形式再到营利组织形式，也都遵循上述三种机制。非营利组织的形成是对"市场失灵"和"政府失灵"的纠正和补充。但是，由于建立于公益捐赠资金基础之上，受到"非分配约束"等限制，非营利组织也存在失灵的问题，集中表现为慈善供给不足、家长式作风、业余主义和内部人控制等，影响了非营利组织的公共服务能力。社会企业的出现就是对"非营利组织失灵"的纠正。

社会企业是近年来国内外兴起的致力于社会发展的组织活动方式，至今尚无统一的定义。通过各种定义，社会企业的本质特征可以归纳为两个：第一，其目的是解决社会难题，推动社会进步；第二，以市场化的商业活动作为组织生存、发展和解决社会问题的手段。所以，社会企业在法律上并不是一种新的组织形式，而只是一种组织目的及其运作方式的结合。只要其符合上述两个本质特征，社会企业的组织形式可以多种多样，可以是慈善组织、公司或合作社，可以采用非营利组织形式，也可以采用营利组织形式。重要的是，社会企业在服务社会公益的同时，还兼顾其投资者和从业者的利益，将个人利益与社会公共利益衔接起来，调动了投资者和业内人员的积极性，大大有助于解决慈善供给不足、业余主义、家长式作风和内部人得不到有效监督等问题。社会企业公共服务能力的提高符合社会需要和公众期待，也是公益组织所有利益相关者的共同目标。因此，非营利组织向社会企业的过渡是效率机制、合法性机制和共同目标机制内在作用的结果。

因此，以组织制度形成和演变的三种内在机制来解释公益性小额信贷机构的转制，可以发现，各种转制方式不仅仅是为了解决融资和合法地位的问题，更深层的内在动力在于同时解决“非营利组织失灵”的问题。公益性小额信贷机构通过转制，引入投资者或者内部人员入股，或者采用营利组织的形式，不仅扩大了资金规模，在其他方面还具有潜在的效果。第一，在所有权方面，采用营利组织形式引入投资者，将“无主企业”全部或部分地变为“有主企业”，可以改善治理结构，增强内部监督的动力和效果，这应该是对非营利组织治理方式的根本性转变。第二，在“内部人”激励方面，可以纠正以往片面强调奉献和社会责任，忽视管理者和员工个人及其家庭利益的倾向，使内部人利益与社会利益更加平衡，有助于提高员工的工作积极性和稳定性，从而有利于员工在提高工作技能和绩效方面的投入。第三，在上述两种转变的作用下，小额信贷机构资金运用的效率和效果可以得到提高，这些效果已开始在一些转制的公益性小额信贷机构中显现。

以社会企业方式运行的公益性小额信贷机构提高了对个人利益的关注，但是否会使天平再次失衡，倾向个人利益，忽视或偏离社会目标，从而导致类似于“市场失灵”的“社会企业失灵”？为了避免这种情况的发生，在国家政策法律上需有明确的限制性规定，在内部组织制度上也应有相应的安排。例如，英国对社会企业制定了资产锁定和红利分配限制的规定，要求社会企业的资产必须用于其宣称的公益目的，所得利润必须主要用于对公益事业的再投资；美国法律将社会企业的经营范围限制在低利润行业，并给予税收优惠；波黑共和国（以下简称波黑）法律规定，非政府组织形式小额信贷机构进行商业化转制的，在新的商业化小额信贷机构中，原非政府组织的股份不得低于51%。中国目前尚无可适用于小额信贷社会企业的法律制度，但率先转制或直接采用营利组织形式的新建小额信贷机构已经做出了较好的实践探索。例如，中国扶贫基金会将小额信贷项目部转制为中和农信项目管理有限公司后，中国扶贫基金会是最大的股东；友成企业家扶贫基金会发起成立的友成普融信息咨询有限责任公司的股东包括两家非政府组织、一家社会企业以及两家商业投资公司，其公司章程中明确规定公司的大部分赢利要继续投入小额信贷事业。

虽然转为社会企业或商业化的转制在一定程度上解决了“非营利组织失灵”的问题，但是，这并不能否定非营利组织形式的优势，如筹资、社会动员、税收和其他优惠政策支持等。国外非政府组织小额信贷的良好发展状况证明了非营利组织形式的优势，同样，国内一些发展良好的非政府组织小额信贷机构也证明了这一点。只要有较完善的治理结构，处理好内部管理人员的激励和约束机制，处理好与外部资助和其他支持机构之间的关系，就可以提高管理人员的积极性和绩效水平，非营利组织小额信贷机构仍然可以健康发展。但是，在目前中国公益性小额信贷机构商业化转制的潮流中，一些公益性小额信贷机构仍面临转制为小额贷款公司的内外部压力。不过，对这样转制的效果进行判断还为时尚早，值得密切关注和深入研究。

从中国公益性小额信贷组织制度的演进过程可以看到，组织制度的形成和演进有其自身的规律性，集中体现在组织制度的形成和变化是效率机制、合法性机制和共同目标机制共同作用的结果。任何组织制度的设计和改变都要能够提高效率，为政策法规和社会观念所接受，并能与各利益相关者的利益目标所契合。非营利组织对“政府失灵”和“市场失灵”的纠正以及社会企业对“非营利组织失灵”的纠正都是这些机制发生作用的结果。不管组织制度如何演变，作为公益性组织的小额信贷机构都应该坚持社会公益为其核心目标，同时兼顾投资者、内部员工以及其他利益相关者的利益。

为了保证转制的公益性小额信贷机构不偏离公益轨道，避免“社会企业失灵”，迫切需要为社会企业和小额信贷制定相应的政策法规。借鉴一些国家（如英国关于社区利益公司、美国关于低利有限公司和波黑关于公益性小额信贷机构转制）的立法实践，一些关键性的内容应该得到明确。例如，给予各种组织形式的公益性小额信贷机构以合法的经营地位；规定组织的资产锁定和红利返还限制的政策，要求组织所有者和出资人就此作出明确而公开的承诺；规定转制后原非政府组织在新的小额信贷机构中应占据控股地位；继续给予税收优惠等政策；推动社会责任投资的发展，促进融资平台建设，并制定强制性的信息公开披露机制等。用各种措施来推动公益性小额信贷机构健康发展，继续致力于为中低收入人口提供金融服务，促进社会和谐进步。

# Abstract

Microfinance in China originated from poverty alleviation projects in the mid – 1990s. Most of the projects were financed by international aid organizations. In order to provide financing service for the low – income people, many aid organizations and local authorities set up microfinance institutions (MFIs) on the basis of the microfinance projects at the end of the 20th century. Because microfinance funds come basically from philanthropic donations at home and abroad, the aid – the – poor funds of Chinese government, they are mostly in non – governmental organization (NPO), private non – enterprise and foundation, and so on. The organizational forms of the MFIs are mostly in non – governmental organizations, which can also be called nonprofit organizations. The purpose of NPO MFIs is to provide the financial service for the poor. Therefore, NPO – MFIs and the MF projects in China are also called public – interest MFIs.

Public – interest MF solved some difficulties, such as the development of production of the poor and financing for improving the living standard, greatly impelled people in the service zone of the microfinance to get rid of the poverty. It played a experimental and model role in these innovation, such as the use of poverty alleviation funds, financial organizations in village, products and mechanisms. It became the forerunner of the formation and development of other forms of microfinance, improving reformation for ways of poverty alleviation (PA) and financial market in village. Microfinance is an important part that rural finance served three rural issues. Therefore, in the central documents between 2004 and 2010, the development of microfinance is an important measure that improves farmers' income and the rural development.

However, public – interest microfinance face some barriers to its growth in recent years, some organizations have started to shrink. Its development relies on the endowment, but the endowment can not provide a stable support for the sustainable development of microfinance, because of instability and limited quantity of source of funds. In recent years, the socially responsible investment and the commercial capital greatly make use of the market of microfinance. However, public – interest MFIs are the lack of legal status that operates finance business, using the pattern of nonprofit organizations, so it has barriers to integrate into these capitals, its expansion is influenced.

In this context, public – interest MFIs started to transform into commercial organizations, some institutions transformed societies into private non – enterprise, some transformed non – profit organizations into joint – stock loan companies, some was transformed into asset management corporations that targeted poverty reduction. Some new microfinance institutions registered as non – profit corporations that targeted poverty reduction. Some institutions seemingly did not transform, but absorbed employees to buy shares in various forms.

Why PI - MFIs develop so difficultly? How to explain the difficulties? Can PI - MFIs continue to adhere to their social goals when they are transformed into profitable organizations? All these questions are important for the PI - MFIs development, as well as for the social development.

Based on the definition and formation of the organizational system, the authors of this book argue that, an organization is formed under a series of mechanisms, including efficiency mechanism, legality mechanism, common - goals mechanism, free - will determination and interests - balance mechanism. According to institutional economics, transaction is the basic unit of economic analysis, any transaction has costs. In order to reduce transaction costs, an economic organization will be formed when the transaction cost is high enough. When the internal transaction cost becomes high enough, the expansion of the organization will stop. Then the organization and its corporation are created, a stably relational contract is formed. This is called efficiency mechanisms. According to the sociology of organizations, the organizations will form a network to cooperate with each other. The elements that form the networks are the common goals of the organizations in the networks. This is the common - goals mechanism. Any organization or the structure and operating mode of the organizational networks shall abide by the law, social regulations (including moralities, customs, and social expectation, etc. ). This is legality mechanism. The setting of organizational goals reflects the free will of its founder, which is called the free - will-determination mechanism in the book. And the interest of internal stakeholders greatly influence the change of organizational system, which is called the interests - balance mechanism. The formation of organization and evolution of the system result from the above five mechanisms.

The authors argue that the institutional transformation of PI – MFIs, from project to NPO, and then from NPO to FPO, is the result of above five mechanisms. NPO is a correction of the market failure and government failure. But on the basis of the public endowment and the restriction of the non – distribution constraint, NPO is also at the risk of failure, such as philanthropic insufficiency, paternalism, amateurism and insider control, and so on. And its service ability is influenced. The correction to NPO failure is the social enterprises.

The social enterprise (SE) is a new pattern of social intervention to promote social justice and development. The essential characteristics of SE can be summarized in two points. Firstly, the purpose of SE is to solve social problems, improve the social development. Secondly, market – oriented business activities are means of the organizational survival, development and solution of social problems. So SE is legally not a new organizational form, but a new combination of organizational purpose and action. Only when the organizational form of SE meets the above two characteristics, can organizational form be charity, company or cooperative, NPO and profitable organizations. More importantly, SE does not only service social welfare, but takes into account the interest of investors and practitioners. It connects personal interests with public social interests, motivating investors and staffs. And this greatly contributes to solve the philanthropic insufficiency, amateurism, paternalism and effective supervision of insiders. Therefore, the transformation of NPO into SE is the function of above – mentioned three mechanisms.

Therefore, the institutional restructuring of the public – interest microfinance can be explained with the above three mechanisms, to find that ways of restructuring not only solve financing and legal status but also the failure of nonprofit organizations. Through institutional restructuring, public – interest microfinance encourages investors and internal staffs to buy shares, or uses the pattern of profitable organizations, to expand funds and potential effects. Firstly, in terms of ownership, it introduces investors through the pattern of the profitable organization, transfers "the enterprise within owners" into "the enterprise without owners", to improve the governance structure, the power and effect of the internal supervision. This should be the fundamental restructuring of nonprofit organizations. Secondly, in terms of the insider incentives, it can be corrected in the past one – sided emphasis on dedication and social responsibility or ignoring the personal and family interest of managers and employees, balances the personal interest of insiders and the social interest. This contributes to make employees more likely to work hard, stay in their works, and improve their work skills and performance. Thirdly, under the influence of the above two transformations, the efficiency and effect of MFIs funds can be improved, these effects have emerged in some MFIs after restructuring.

In the pattern of SE, personal interests of insiders receive more attention than that in a traditional NPO. But is it possible to ignore the public interests when personal interests are emphasized, and result in a social enterprise failure? In order to avoid the situation, the national policy and regulation and the organizational system should have a clear restriction. In Britain, the government asks social enterprises to lock their asset and restrict their profit sharing, requires that their asset must be used for the public welfare, and their profits must be used to reinvest in the public welfare. The law in U. S. provided that the scope of business of social enterprises was limited to the low – margin industry and was given tax preference. The law in Bosnia provided that the share percentage of the original non - governmental organization was not less than 51% in the new commercial MFIs if the non - governmental pattern of MFIs was transformed into the commercial pattern. In China, now there is no legal system appropriate for microfinance social enterprises, but new MFIs, firstly transformed or using profitable pattern, have greatly made practice and exploration. For example, the China foundation for poverty alleviation would be the largest shareholder when it transformed the microfinance department into the Zhonghe Nongxin project management corporation. You Change Purong Information Advisory Co, Ltd was founded by China Social Entrepreneur Foundation, its shareholders including two non-governmental organizations, a social enterprise and two commercial investment companies, and its articles stated that most of its profits would be invested in microfinance business.

Even though Social enterprises and commercial patterns solved the failure of non - profit organizations to some extent, this does not detract from its advantages, such as financing, social mobilization, tax and preferential policies. The development of MFIs of non - profit organizations from abroad greatly proved its advantages, some well - developed MFIs of non - profit organizations in China also proved this point. Motivation and performance of managers in non - profit MFIs can be improved if it has a good governance structure, greatly handling incentive and restraint mechanisms of internal managers, greatly dealing with the relation between themselves and the external funding, supporting institutions. Therefore, non - profit MFIs can be healthily developed. However, in the current trend of commercial restructuring of the Chinese public - interest MFIs, some public - interest MFIs still face internal and external pressures that it is transformed into a small loan company. It is still too early to judge the effect of their restructuring.

Through the evolution of the system of the Chinese public - interest MFIs, it is seen that the formation and evolution of organizational system has its own law. The law reflects that the formation and change in organizational system results from the efficiency mechanism, the legitimacy mechanism and the common goals mechanism. The design and change of any organizational systems is able to improve its efficiency, is accepted by policies and regulations and social concept, and corresponds to the interest of stakeholders. These mechanisms result in that non - profit organizations correct the failure of the government and market, and social enterprises correct the failure of non - profit organizations. No matter how transform organizational systems, non - profit MFIs should adhere to the social welfare known as its core objectives, take into account the interest of investors, internal employees and other stakeholders.

The Chinese government urgently needs to provide policies and regulations for social enterprises and micro finance, in order to ensure that non - profit MFIs adhere to the social welfare, avoid the failure of social enterprises. China should learn from legislative practices in some countries, such as Community Interest Company in UK, low - interest Ltd in the U. S. and the restructuring of non - profit MFIs in Bosnia, some important contents should be explicit. For example, any non - profit MFIs should be given the legitimate position. The asset locked and limited distribution of surplus should be regulated, owners and investors of the organization should be asked to make a clear and public commitment. Non - governmental organizations after restructuring should have holdings in the new MFIs. Preferential tax policies should be given, the development of socially responsible investment should be promoted, and the establishment of financing platform should be improved. The compulsory information disclosure mechanism should be developed. Through a variety of measures, non - profit MFIs are healthily developed, continuing to provide financial services for the low - income population.

# 序

孙同全是小额信贷研究领域的专家，他和潘忠博士撰写的专著《社会企业道路——中国公益性小额信贷组织转制问题初探》，在较深入研究的基础上，对国内外公益性小额信贷组织和社会企业及二者的关系从理论和实践的层面进行了详尽的讨论、剖析和总结。他们在书中阐述的观点，我相当地认同和赞赏，而且也从书中获取了不少新鲜的营养。

我认为，包括中国在内的世界小额信贷就性质（主要考察“是否扶贫”和“是否长期依赖补贴”这两方面）进行区分，基本上分为两大类：公益性小额信贷和商业性小额信贷。而公益性小额信贷又可以分为福利主义的和制度主义的两个分支。公益性小额信贷的宗旨是运用金融手段扶贫和帮助弱势群体，也就是说，从目的或目标群体上看，福利主义小额信贷和公益性制度主义小额信贷都是为了实现扶贫和助弱的社会目标，可以统归为公益性小额信贷。其中，福利主义小额信贷依靠补贴，而制度主义小额信贷要求自负盈亏和可持续发展。除了公益性制度主义外，还有商业性制度主义。商业性制度主义小额信贷也被称为商业性小额信贷，它没有必然的扶贫使命，服务的客户群体更广泛，并以追求利润尽可能多或最大化为目标。简言之，小额信贷从性质上区分，大体可分为公益性福利主义、公益性制度主义和商业性制度主义三类。

福利主义小额信贷是一种传统的农村金融服务模式或此模式的变异，其规范追求贷款资金应有效地直接借贷给穷人（而不是贷款给企业，再由企业雇佣穷人），但它不追求服务机构自身的可持续发展。制度主义小额信贷是当今世界的主流流派，它要求共同实现两个目标：较大规模地服务于目标客户群体，同时实现服务机构自身在组织和财务上的可持续发展。

各种类型的小额信贷都有长处和短处，福利主义小额信贷的长处是对弱势群体的即期优惠扶持（包括低利率甚至零利率）十分清楚，传统上也易为人们所理解和穷人所接受。但是，它存在的问题也是明显的。这种模式的缺陷主要是政府支付成本高，效率低下，强势群体侵占利益，弱势群体增加依赖，易发设租、寻租和腐败行为，难以在组织和财务上可持续发展，难以长期有效支持扶贫等。因此，当今世界的小额信贷的主流已逐渐过渡到制度主义小额信贷，即追求组织和财务上可持续发展的小额信贷。但是，往往是一种倾向掩盖另一种倾向，在现在人们普遍热衷商业性制度主义小额信贷（追求高利率、高利润）时，却在有意无意地忽视公益性制度主义小额信贷。如何关注和真正支持公益性制度主义小额信贷的生存环境和健康发展，尤其在现在的我国，是一个需要大力呼吁、倡导和解决的突出问题。

我在五年前曾撰写过一篇文章《公益性小额信贷机构发展前景的可能选择》。文章认为，公益性小额信贷机构一般由社会团体或社会组织组成，也常被称为非政府组织小额信贷机构。它们发展前景的可能选择在中国目前基本上还处于研究、讨论阶段，实践探索还很少。我根据国际经验和国内的实际进行了一些探讨，而且认为无论何种选择都需要有政府政策法规的支持。我认为可能有以下几种选择。

一是发展成强壮的公益性小额信贷机构。机构“转型”并不必然需要淘汰公益性或非政府组织小额信贷机构。实际上，它们能够继续作为信贷提供者在为那些被正规金融机构忽视的客户提供服务方面发挥重要作用，尤其是那些特别偏远或贫穷地区的客户。公益性或非政府组织小额信贷机构还能在发展和检测金融服务的新技术、新产品中发挥作用，这些新技术、新产品的发展和检测成本对于正规机构来说往往太高。

二是发展成社区资金互助组织。许多（但不是全部）定位于贫穷客户的公益性或非政府组织小额信贷机构由非正规或半正规会员制资金互助组织转变而来，还有的由借贷团体模式转变而来，同时，可将这些资金互助组织视为公益性或非政府组织小额信贷机构的一种形式，而且，还可将公益性或非政府组织转化为会员制资金互助组织。这样的例子包括国际社区援助基金会（FINCA）的村银行（Village Banking）和“关怀国际”（CARE International）的MMD（Mata Masu Dubara，即迁居的妇女）项目。这些项目的功能与亚洲一些国家农民的互助小组（SHG）很相似。

三是转变为非银行金融机构。公益性或非政府组织小额信贷机构可以转型成为专事小额贷款的非银行金融机构。在我国，这样既可以解决合法化问题，又能在一定程度上解决融资来源问题。机构改造的主要挑战有：所有权和治理结构；资产和负债的转移、运作；政策和制度；人力资源。从法律和管理的角度考虑，它作为非银行金融机构比改制成银行更容易得到监管当局的许可，但是，通常在法律上对非银行金融机构可提供的服务范围限制更严格。

四是转变为小额信贷银行。专业的小额信贷银行包括转型后的公益性或非政府组织小额信贷机构或非银行金融机构，以及专门提供小额信贷的银行。较著名的小额信贷银行之一大概就是玻利维亚的“阳光银行”（BancoSol，也有译成“团结银行”的），它由非政府组织小额信贷机构转化而来。从公益性或非政府组织小额信贷机构自身和现有境内银行的角度看，彼此有无合作转变成小额信贷银行的意向和可能还不得知晓。即使公益性或非政府组织小额信贷机构自己想独立转型成为小额信贷银行，但是至今，我国还没有出台这样的政策法规。

五是与正规金融机构合作。在很大程度上，银行和其他正规金融机构由于种种原因无力或者不愿意向穷人提供小额信贷服务。但是，非政府组织小额信贷机构可以与正规金融机构，尤其是具有某些社会目标的银行和金融机构合作，这种合作拥有创建普惠金融体系的巨大潜力。一方面，正规金融机构通过向专业小额信贷机构提供批发贷款进入小额信贷市场。另一方面，它还可以建立乡村体系作为金融服务的网点，与作为贷款服务代理的小额信贷机构合作。

我认为，我国公益性小额信贷机构存在的意义和优势在于社会发展的宗旨，如果转型改制成商业性赢利目标机构，则基本上没有什么大的意义。因为我国不缺商业性的金融机构，改制成微小型商业金融机构对社会的实际作用微乎其微，而目前和将来我国却急需公益性小额信贷组织，尤其公益性制度主义小额信贷机构为弱势群体提供持续服务。为了社会的公平正义，向弱势群体提供服务，公益性小额信贷的作用和意义重大。我十分同意本书中的观点：不管组织制度如何演变，作为公益性组织的小额信贷机构都应该坚持社会公益为其核心目标，同时兼顾投资者、内部员工以及其他利益相关者的利益。

作者在书中提出了公益性小额信贷组织转制可以探索走社会企业的道路，这一思路与我曾撰文认为公益性小额信贷机构的新定位可以是社会企业的思路不谋而合。我认为，尤努斯与他的同事创建和倡导的孟加拉乡村银行（Grameen Bank）的最大特点和最大创新之处不是开办了一般的公益性制度主义小额信贷组织和其金融产品、服务方式及各项机制的创新，而是从理论和实践上创建了一个全新的社会企业。孟加拉乡村银行现在的所有者（股东）主要是借款的贫困妇女和少数男性穷人，他们是银行董事会的主体，占有银行95%以上的股份，而且每个股东（借款人）的股份是相等的，剩余的不到5%的股份归政府所有。而包括尤努斯在内的银行所有管理者和员工都只是领取工薪的银行雇员，是为股东服务的。这也是经典或原始纯粹意义上的合作金融的一种形式。尤努斯并不只是认为，小额信贷机构不应赚穷人的钱，他更看重的是倡导和践行“社会企业”的理念和实践。我国公益性小额信贷组织最初是于20世纪90年代借鉴孟加拉乡村银行而产生的，然而在我国，至今仍没有出现像孟加拉乡村银行那样富有崇高“利他”精神的理想主义的、具有严格意义上的社会企业性质的公益性小额信贷机构，这不能不说是令人遗憾的。

社会企业就是用商业的手段创新性地解决社会问题。它的基本特征是：公益性的宗旨目标，商业性的运作手段（为了机构和财务的可持续），而且企业利润主要或全部用于公益和扩大再生产。也就是说，虽然企业的股东和管理人员经营赢利，但是并不以此为目的，股东不分红或分红远低于市场平均水平，经营目的在于解决社会问题，赢利是作为长期从事社会事业的手段。因此，对于小额信贷机构，尤努斯呼吁：

“请从中产阶级消费者那里获取利润！如有可能，请充分利用你的金融地位优势！但不要把同样的思想应用在穷人身上……如果他们脱贫了，就像对待普通顾客一样对待他们，但在这之前请不要这样。”

社会企业的观念、理论和实践在我国刚刚起步，需要大力宣扬和推进。市场规律不只用于利己，亦可用于利他。世界和社会是多维的，各国的发展模式和不同人群的追求是多样化的。先公后私、利己与利他兼顾，也是社会主义的本质要求。温家宝总理曾说过：“亚当·斯密写过两部有名的著作，一本叫《道德情操论》，一本叫《国富论》。《国富论》是讲市场经济这只‘看不见的手’。《道德情操论》中有一段话很精彩，它说如果社会财富只聚集在少数人手中，那是不公平的，而且注定是不得人心的，必将造成社会的不稳定。我觉得这个话是对的，所以要讲公平，要把正义作为社会主义国家的首要价值。”亚当·斯密在生命的晚期还在不断精心修改《道德情操论》。

所以，我认为，应该在鼓励支持发展各种类型的小额信贷和普惠金融的同时，大力倡导、宣传和支持追求扶贫和自身可持续发展“双底线标准”（即财务绩效和社会绩效）的社会企业型的公益性制度主义小额信贷。这一类小额信贷既可消除福利主义模式的弊端，也能避免商业小额信贷的弱点，遏制和替代高利贷，而不是产生和实施高利贷。因此，观察和评价一个小额信贷机构时，同时考核它的财务绩效和社会绩效（或社会使命）指标，才能对该机构有一个比较完整的了解，从而形成一个比较全面的结论。目前，国际上小额信贷业内已较普遍地认同和接受要倡导和实施小额信贷机构的“双底线标准”，并在努力发展和完善相关的评价指标体系。

社会企业可以分布于经济、社会、文化多个领域，如生产、医疗、教育、环保和扶贫等。本书主要讨论社会企业与公益性小额信贷机构的关系。福利主义小额信贷一直依赖外部资金补贴支撑，否则不可持续，所以福利主义小额信贷不属于但可以改制成社会企业，而一般的公益性制度主义小额信贷可被视为宽泛意义上的社会企业，但与尤努斯认定的严格意义上的社会企业尚有一定的差距。因此，我特别希望我国也能出现像孟加拉乡村银行那样富有崇高“利他”精神的理想主义、具有严格意义上的社会企业性质的公益性小额信贷机构。希望有志者能为之而努力！

公益性小额信贷和社会企业的健康、可持续发展需要消除内部和外部的种种制约因素，需要我们大家共同的不懈努力。当前和今后一段时间，特别需要政府政策法规的支持，正像作者在本书中所提出的：迫切需要解决的问题是相关的政策法规严重缺失和滞后的问题。解决了政策法规的问题，公益性小额信贷机构走社会企业的道路可能不会再那么艰难。人们翘首以待！

本专著论述深入浅出，内容丰富，思路开阔，见解独到。以我之见，这本书对于业内人士和学者及有兴趣者是很有探讨和启迪意义的，值得一读。

杜晓山

2013 年 4 月

# 目　录

# Contents

# 第一章　引言

## 第一节　问题的提出

2006年诺贝尔和平奖得主、孟加拉乡村银行创始人穆罕默德·尤努斯教授提出，2008年经济危机暴露出资本主义经济理论的缺点，即只强调了人的自私的一面，而忽略了人性的多重性、多面性，导致了人性中贪婪本性的放纵和扩张；医治资本主义危机，不能继续原来的老路，而应大量提倡和扶持建立在人性中利他主义的一面，即建立社会企业[①]。

公益性小额信贷是致力于扶贫，促进社会发展，不以营利为目的的小额信贷活动。国际上的小额信贷运动就发端于公益性小额信贷。同样，我国的小额信贷也起源于20世纪90年代中期的公益性小额信贷扶贫实践，最初是以国际合作扶贫项目形式开始的。为了能够可持续地为贫困人口提供融资服务，一些项目逐渐发展成专门的扶贫小额信贷机

---

① Muhammad Yunus, *Building Social Business—The New Kind of Capitalism that Serves Humanity's Most Pressing Needs*, Public Affairs, New York, 2010.

构，这些机构主要采用了非政府组织（NGO）或称为非营利组织（NPO）形式，包括社团、事业单位、民办非企业单位和基金会等，成为我国最早的小额信贷组织载体。

公益性小额信贷机构既要实现扶贫的目标，又要维持自身的长期良性发展；其工作人员既要扶助他人，又要不断改善自己和家庭的生活状况。因此，公益性小额信贷机构呈现出明显的自利利他的特征。但是，公益性的使命和组织形式却给公益性小额信贷机构的发展带来诸多问题。转制遂成为近年来公益性小额信贷发展的热议话题，而社会企业道路也成为很多有识之士对公益性小额信贷转制方向的期盼。社会企业形式能帮助公益性小额信贷机构走出困境吗？

## 一 公益性小额信贷的作用

公益性小额信贷不仅直接解决了许多贫困人口发展生产、提高生活水平的融资困难，加快了小额信贷区域内人民脱贫致富的进程，而且对我国扶贫资金利用模式创新、农村金融组织创新、产品创新、机制创新等方面都发挥了重要的试验和示范作用，成为其他几类小额信贷的产生和发展的先导，推动了我国扶贫方式改革和农村金融市场改革的步伐。

正因为小额信贷在建设社会主义新农村中解决“三农”问题的重要作用，自 2004 年中央重新出台一号文件以来，每年的一号文件都提出发展小额信贷，并且重视程度逐年提高（见表 1 - 1）。其中 2006 年文件中提出“大力培育由自然人、企业法人或社团法人发起的小额贷款组织”，“设立多种所有制的社区金融机构”，2007 年文件中提出要“形成商业金融、合作金融、政策性金融和小额贷款组织互为补充、功能齐备的农村金融体系”，“在贫困地区先行开展发育农村多种所有制金融组织的试点”，2008年文件说要“积极培育小额信贷组织”，2009年提出要“加快发展多种形式新型农村金融组织”和2010年提出要“引导社会资金投资设立适应‘三农’需要的各类新型金融组织”等。以上表述已经将包括公益性小额信贷在内的各种小额信贷的发展纳入其中。小额信贷已经成为农村金融不可或缺的重要组成部分。

**表1-1　2004~2012年中央一号文件关于小额信贷的政策摘要**①

| 年份 | 小额信贷相关内容 |
| --- | --- |
| 2004 | • 通过小额贷款、贴息补助、提供保险服务等形式，支持农民和企业购买优良畜禽、繁育良种，通过发展养殖业带动粮食增值 |
| 2005 | • 通过小额信贷、财政贴息等方式，引导有条件的地方发展养殖小区<br>• 培育竞争性的农村金融市场，有关部门要抓紧制定农村新办多种所有制金融机构的准入条件和监管办法，在有效防范金融风险的前提下，尽快启动试点工作。有条件的地方，可以探索建立更加贴近农民和农村需要、由自然人或企业发起的小额信贷组织 |
| 2006 | • 大力培育由自然人、企业法人或社团法人发起的小额贷款组织，有关部门要抓紧制定管理办法<br>• 鼓励在县域内设立多种所有制的社区金融机构，允许私有资本、外资等参股 |
| 2007 | • 加快制定农村金融整体改革方案，努力形成商业金融、合作金融、政策性金融和小额贷款组织互为补充、功能齐备的农村金融体系<br>• 大力发展农村小额贷款，在贫困地区先行开展发育农村多种所有制金融组织的试点 |
| 2008 | • 加快推进调整放宽农村地区银行业金融机构准入政策试点工作<br>• 积极培育小额信贷组织，鼓励发展信用贷款和联保贷款。通过批发或转贷等方式，解决部分农村信用社及新型农村金融机构资金来源不足的问题 |

① 2004~2012年的9年间，只有2011年的中央一号文件是关于水利问题的，其他各年都是关于农村问题的。

续表

| 年份 | 小额信贷相关内容 |
| --- | --- |
| 2009 | • 在加强监管、防范风险的前提下，加快发展多种形式新型农村金融组织和以服务农村为主的地区性中小银行<br>• 鼓励和支持金融机构创新农村金融产品和金融服务，大力发展小额信贷和微型金融服务，农村微小型金融组织可通过多种方式从金融机构融入资金 |
| 2010 | • 积极推广农村小额信用贷款。加快培育村镇银行、贷款公司、农村资金互助社，有序发展小额贷款组织，引导社会资金投资设立适应“三农”需要的各类新型金融组织 |
| 2012 | • 发展多元化农村金融机构，鼓励民间资本进入农村金融服务领域，支持商业银行到中西部地区县域设立村镇银行<br>• 有序发展农村资金互助组织，引导农民专业合作社规范开展信用合作<br>• 继续发展农户小信贷业务 |

国际上小额信贷起源于20世纪70年代的公益性小额信贷扶贫实践，并逐渐形成全球性的小额信贷运动，成为扶贫与推动社会公平发展的重要工具。2005年联合国提出了“普惠金融体系”（Inclusive Financial System）的概念，主张将小额信贷纳入正规金融体系，并以此为核心，将过去被排斥于金融服务和整体经济增长轨道之外的低收入人口纳入金融服务范围内。最终，这种包容性的金融体系能够对发展中国家中的绝大多数人，包括过去难以到达的更贫困和更偏远地区的客户开放金融市场。

建设普惠金融体系的重要内容是推动公益性小额信贷的发展。国内外小额信贷的发展历史都表明公益性小额信贷具有传统的正规金融无法发挥的作用，主要表现如下。

首先，公益性小额信贷机构把社会发展目标放在首位，而且由于其独特的运行机制和操作模式，使得它们可以有效地为贫困或最贫困的社会群体服务。这是纯粹商业化金融机构难以做到的。

其次，公益性小额信贷在一些扶贫领域有比较高的创新动力和能力，可以发挥很好的示范作用。

最后，小额信贷特别重视唤起贫困群体的自我觉醒，让他们认识自己的力量，提高借款人的参与和自主管理能力，引导他们依靠自己的力量摆脱贫困。非政府组织小额信贷的社会作用与它在提高穷人收入方面的作用同样重要，甚至前者比后者更重要。

## 二 公益性小额信贷发展的困境

2005 年以来，我国的小额信贷业发生了巨大的变化，先是中国人民银行试点的小额贷款公司成立，随后 2006 年中国银行业监督管理委员会允许并鼓励成立村镇银行、贷款公司和农村资金互助社。中国人民银行资料显示，截至 2010 年末，全国共组建新型农村金融机构 509 家，其中开业 395 家（村镇银行 349 家，贷款公司 9 家，农村资金互助社 37 家），筹建 114 家；小额贷款公司 2451 家，小额贷款公司的实收资本总额 1780.93 亿元，贷款余额 1975 亿元，当年新增贷款 1202 亿元[①]（见图 1－1）。“十一五”期间，一些地区农民自发建立了资金互助组织，许多农民专业合作社也开展了内部的资金互助。自 2006 年 5 月国务院扶贫办与财政部开展“贫困村村级发展互助资金”试点工作以来，截至 2010 年底，全国 28 个省（自治区、直辖市）已有共计 1013 个县、1.28 万个贫困村开展了

① 中国人民银行：《中国农村金融服务报告 2010》，http://download.chinagate.cn/ch/pdf/20110304.pdf。

互助资金试点，入社农户111.53万户，互助资金总规模25.31亿元[①]。

与上述商业性和互助性小额信贷形成鲜明对照的是，尽管个别非政府组织形式的小额信贷机构发展壮大，我国公益性小额信贷机构和组织的数量整体上却呈萎缩之势。由于缺乏对公益性小额信贷的准确统计，至今没有翔实的公益性小额信贷机构和项目的准确数据，但是小额信贷研究者有一个普遍接受的估计，即2003年我国公益性小额信贷组织和机构数量达到最高峰，约有300家；到了2009年底，已降到约100家[②]；到2010年底，仍保持这样一个机构数量，但规模都较小，且均设立在贫困地区，其资产合计只有约42亿元，贷款余额也只有约30.5亿元[③]。

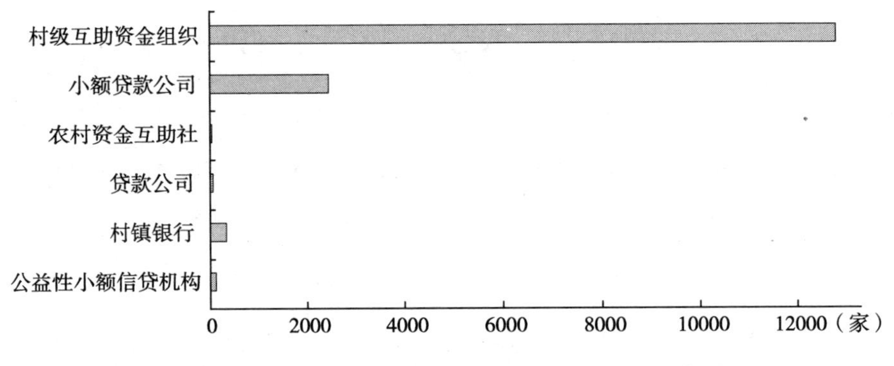


**图1-1 各类小额信贷机构数量对比（2010年底）**

我国公益性小额信贷机构基本上都是非政府组织或称非营利组织，主要有四种形式：社团、基金会、民办非企业和事业单位。它们

① 国务院扶贫办外资项目管理中心：《全国贫困村互助资金交叉检查情况报告》，2011年6月。

② 王灵俊：《NGO小额信贷式微》，《南方周末》2010年12月9日。

③ 杜晓山：《小贷公司现状"三人谈"：出路在哪？如何转型?》，中国小额信贷联盟网站，http：//www.chinamfi.net/pub/news.asp？ctyp=NEWS&catid=2369&ctxid=5988，2011年7月11日。

没有金融业务许可，是非金融机构。所以，严格地讲，公益性小额信贷机构从事小额信贷业务没有法律依据，它们的合法性主要来自国家扶贫政策和国际项目合作协议。[①] 根据我国有关法律，非营利组织不能进行股权或债券融资，其资金主要来源于国际发展组织的捐赠资金，2005 年底，在中国小额信贷发展促进网络的 40 多个公益性小额信贷机构成员的资金结构中，国际组织的捐助资金占 70%，社会捐赠占 10.6%，政府投入占 12.8%，负债进展占 4.3%。[②] 捐赠资金来源单一，数量小，而且不稳定，融资难成为公益性小额信贷机构发展的重大瓶颈。

公益性小额信贷面临的另一个重大困难是人才缺乏。由于缺乏优厚的待遇，而且往往是在边远的贫困地区工作，公益性小额信贷机构往往难以招聘到专业人才，人员流失率高。从政府系统来的兼职人员较多，在 2005 年底，中国小额信贷发展促进网络 45 个成员的 466 名员工中兼职人员达到 36.5%。这些问题影响了人员队伍的专业性和稳定性，也直接影响到小额信贷业务的质量、规模和发展速度。

因此，一些学者将公益性小额信贷机构面临的诸多问题归因到组织制度上，即产权不清、治理结构不完善、非营利组织形式妨碍了直接和间接融资，以及由这些原因导致的人力资源和管理质量低下等（孙同全，2006；任常青，2007；王灵俊，2009；程恩江，2009）。2003 年，当我国公益性小额信贷呈现似将蓬勃发展之势时，刘文璞先生就指出，“与自负盈亏的财务指标相比，完善的治理结构和组织制度对于非政府

---

① 孙同全：《中国小额信贷政策法律环境的现状与前景》，《中国金融》2008 年第 23 期。

② 杜晓山等：《中国公益性小额信贷》，社会科学文献出版社，2008，第 79 页。

小额信贷的可持续发展具有更重要的意义，更加需要迫切解决”[①]。

什么样的组织形式才能够使公益性小额信贷机构既能保持服务社会发展的目标，又能够解决自身发展中遇到的障碍，成为公益性小额信贷从业者和研究者必须面对和思考的问题。

与此同时，国际上非政府组织形式的小额信贷蓬勃发展。全球1万多家小额信贷机构中70%是非政府组织形式。[②] 2007年《福布斯》首次发布全球小额信贷机构50强榜单，位居榜首的就是一家非政府组织，即孟加拉国的社会促进协会（ASA）。2010年底，ASA有3194个分支机构，447万有效客户，贷款余额375.25亿塔卡（约合35.37亿元人民币），累计还款率99.8%。[③] 国内外的经验不仅证明了公益性小额信贷的必要性，而且国外经验还证明了非政府组织形式的小额信贷机构生存和发展的活力。

## 三　公益性小额信贷机构的转制

其实，中国公益性小额信贷遇到的困境，国际上其他国家也早就遇到了，而且早已有转制脱困的实践。国际上最早的公益性小额信贷商业化转制情况出现在玻利维亚。其NGO形式的小额信贷机构“微型企业促进与发展组织”（Promotion and Development of Microenterprises，PRODEM）于1992年在原有小额信贷业务的基础上组建了专门从事小额信贷业务的正规金融机构“阳光银行”（BancoSol）。此后，国际上比

① 刘文璞：《非政府组织小额信贷的可持续发展》，中国社会科学院贫困问题研究中心编《小额信贷扶贫交流通讯》2003年第6期，第3页。

② 王灵俊：《NGO小额信贷式微》，《南方周末》2009年12月9日。

③ ASA网站，http：//www.asa.org.bd/ataglance_ 2010.pdf。

较知名的公益性小额信贷机构转制案例还包括哥伦比亚的NGO小额信贷机构Corposol在1993年收购管理了正规金融机构Finansol，蒙古国多家NGO小额信贷机构于2001年成立专业小额信贷银行“金色银行”（XacBank），墨西哥2007年上市发行股票的国民银行（Banco Compartamos），印度的小额信贷机构SKS于2005年转制为非银行业金融机构，并于2009年公开上市等。

我国公益性小额信贷的组织制度从最初的国际合作项目转为NGO之后稳定了若干年。近年来，受国际上公益性小额信贷机构商业化转制舆论和商业投资力量推动的影响，我国公益性小额信贷机构也开始出现转制的情况。最早转制的是2008年宁夏盐池小额信贷服务中心根据中国银行业监督管理委员会和中国人民银行发布的《关于小额贷款公司试点的指导意见》转制为小额贷款公司，名称为“宁夏惠民小额贷款公司”。其后，北京富平学校在山西永济市投资成立了“永济富平小额贷款有限责任公司”，中国扶贫基金会在原来的小额信贷项目管理部门的基础上成立了“中和农信项目管理有限公司”，中国友成企业家扶贫基金会联合其捐助企业投资成立了“北京友成普融信息咨询有限责任公司”，专门从事为公益性小额信贷机构提供融资服务。

很多转制后的小额信贷机构宣布仍然维持服务穷人和促进社会发展的宗旨与目标。玻利维亚的阳光银行成立后，仍然以原来的微型企业作为主要的服务对象；哥伦比亚的Corposol收购Finansol后仍主要服务贫困人群；我国上述转制的小额信贷机构都宣示了帮助贫困人口脱贫致富的宗旨和目标。这些机构以普通的市场主体身份服务于社会目标，又追求财务可持续性，甚至有一定的经济回报，被称为社会企业。社会企业已经成为当今国内外公益事业领域非常时髦的词汇。

## 第二节　本书的研究内容与方法

### 一　研究内容

当前，社会企业这一概念逐渐流行，许多公益性小额信贷机构都在酝酿能否以社会企业的形式作为摆脱当前困境的途径。国内外有关于小额信贷转制的研究，但是基本上仍然限于事件的描述和总结，缺少理论性的分析。本书在国内相关研究的基础上，结合国内外社会企业的实践，尤其是公益性小额信贷机构转制的实践，运用组织制度变迁的基本理论，分析社会企业产生的机理、特点和组织形式，以及我国公益性小额信贷组织制度变迁的过程、各种组织形式的特点及其与社会企业的关系，并对转制效果做出初步评价。

### 二　基本假设前提与研究方法

本书有两个基本假设前提：第一，组织是人们为了实现其目的和利益而形成的团体，不管这种目的是公益的，还是私利的。第二，人是有私利的，追求公益不能以牺牲私利为代价，这样做是行不通的。所以，公益组织制度的建设必须解决好自利和利他的问题。所以，本书的分析过程中一直贯穿着私利与公益的权衡。

本书的资料素材不仅仅来源于国内外研究文献，更多地来源于笔者的实地调研以及与公益性小额信贷实践者的交流。在此基础上，进行了理论梳理和案例总结。因此，本书结合了规范研究和实证研究的方法，采用了组织社会学、管理学、法学、制度经济学等学科理论。

## 三　意义、创新和不足

目前我国公益性小额信贷发展正处在一个十字路口，是继续走非营利组织形式的道路，还是必须进行商业化转制；如果商业化改制，怎样保证不偏离公益目标；怎样利用营利组织形式来追求社会目标的实现；非营利组织形式是否必然不适应小额信贷业务的特点；在制度建设的实践中如何兼顾个人利益与公共利益。这些问题不仅涉及公益性小额信贷本身的发展，而且是完成中央在一号文件中提出的“大力培育由自然人、企业法人或社团法人发起的小额贷款组织”和加快发展“多种所有制”“多种形式”的新型农村金融机构的任务所需要解决的问题。本书就是对这些问题进行理论探索，希望能够有助于解释公益性小额信贷的各种组织制度现象，为公益性小额信贷组织制度的改革和政策的完善提供理论参考。

本项研究的创新之处在于：一是对于公益性小额信贷组织制度形成和演变的解释不再仅局限于从外部的法规与内部的产权与治理结构的角度，而是将组织发起者和“内部人”的因素引入其中，尤其是“内部人”对组织制度变革的重要影响。二是在“志愿失灵”的基础上，本研究进一步归纳了“非营利组织失灵”的现象，有助于提高对公益性小额信贷机构存在的各种问题的理论解释力。三是本研究发现，对于公益组织来说，不能只注重公共利益的实现而忽视了个人利益；否则，不仅有失正义，而且也难以保障公共利益的实现。四是本研究比较系统地考察了国内外社会企业现象，分析论证了社会企业是对“非营利组织”

失灵的纠正，是兼顾个人利益与公共利益的桥梁。

组织制度的现象复杂多样，作为组织的基本和核心要素的人的心理和行为更为复杂，需要多学科、多角度的深入研究。由于作者理论功底的宽度和深度所限，本项研究对组织制度的一些深层面问题还有待进一步探索，如公益组织发起人和普通员工之间在人的需求层次上的差异以及由此形成的博弈对组织制度的影响；外部制度对组织内部制度的影响等。此外，本书的案例数量有限，且对每个案例详细情况的掌握也有限。这些都影响了分析的深度和力度。客观上，我国公益性小额信贷机构的转制时间尚短，仍然处于快速变化的时期，对转制现象的理论解释有待实践去检验。

# 第二章　文献综述

## 第一节　公益性小额信贷组织制度障碍

20 世纪末和 21 世纪初，部分学者开始意识到了组织制度对于公益性小额信贷制度可持续服务于社会弱势群体的重要性，认为需要在组织制度、管理制度等方面对扶贫小额信贷进行研究。[①] 2001 年，杜晓山先生指出，中国小额信贷即将进入制度化建设阶段。[②]

2003 年，刘文璞先生认为，从长远看，产权不明晰可能成为制约我国非政府小额信贷发展的因素之一，他总结了我国小额信贷 10 年的成绩，指出，“人们常常有一个误解，就是把机构的可持续发展等同于机构财务上的自负盈亏，或者把财务上的自负盈亏理解为可持续发展的主要指标。这种误解常常导致对中国小额信贷机构可持续发展能力的过

---

① 杜晓山：《中国农村小额信贷的实践尝试》，“中国小额信贷国际研讨会”论文，《小额信贷扶贫交流通讯》2003 年第 5 期，第 31 页；刘文璞：《非政府组织小额信贷的可持续发展》，“中国小额信贷国际研讨会”论文，《小额信贷扶贫交流通讯》2003 年第 6 期，第 1 ~ 6 页。

② 杜晓山：《有关小额信贷的若干热点和难点问题》，中国小额信贷中心主办《小额信贷动态》2001 年总第 1 期，第 31 页。

于乐观的判断。事实上可持续发展除了要解决财务上的自负盈亏（它当然是一个重要的指标）以外，还包括建立适应发展的好的组织结构和管理结构，以及相应的技术能力。财务上的自负盈亏只能看成完善的组织结构、管理结构，比较高的技术能力和经营效率的结果。中国的实践证明，借助于很低的工资水平，在操作层面实现财务上甚至金融上的自负盈亏相对比较容易，一些机构只用了 3 ~ 4 年或 4 ~ 5 年就实现了这个目标。但是实践也告诉我们，即使达到了这一目标，不完善的组织结构、管理结构以及很弱的技术能力，很难支持机构的持续发展”。同时，他还指出，我国大部分的非政府组织的小额信贷机构是在没有得到政府批准的情况下经营贷款业务，缺乏合法地位。刘文璞先生提出了两个问题，即如何解决非政府小额信贷机构经营贷款业务的合法性，以及如何改善这类小额信贷机构的治理结构，以保证扶贫小额信贷的可持续发展。①

## 一 小额信贷组织形式分类

根据小额信贷机构所有权的不同，Rachel Rock 等人将小额信贷机构分为四种类型。②

### 1. 公共产权型

即政府开展的小额信贷模式（Public ownership/government corporate

① 刘文璞：《非政府组织小额信贷的可持续发展》，“中国小额信贷国际研讨会”论文，《小额信贷扶贫交流通讯》2003 年第 6 期，第 3 页。

② Rachel Rock, Maria Otero and Sonia Saltzman, “Principles and Practices of Microfinance Governance”, Working Report, Microenterprise Best Practices, Funded by USAID, 1998, www. cgap. org/docs/FocusNote. Maria Otero, “Governance and Ownership of Microfinance Institutions”, Working Report, Microenterprise Best Practices, Funded by USAID, 2001, www. gdrc. org/icm/govern/govern. pdf.

structure）。Rock 等人认为，在过去 30 年里，政府小额信贷模式基本上是失败的。失败的原因在于，政府小额信贷提供的贷款有利息补贴，并有过多的政治干预，这扭曲了市场机制。在我国，政府开展的小额信贷也面临同样的尴尬：由于有利息补贴，小额信贷往往到不了真正需要资金的穷人手里，以往扶贫贷款的“漏出”一再重现，没有达到“真扶贫、扶真贫”的效果。

2. **非营利型**

即非政府组织开展的小额信贷模式（Non-profit NGO corporate structure），这是世界上小额信贷采用得最多的一种模式。因为非政府小额信贷机构是“无主企业”，因此，理事会成员对机构宗旨的认同和尽心努力是非常重要的。Rock 等人认为，非政府小额信贷的失败多是由于理事会成员没有能力或没有尽心尽力地服务于小额信贷的扶贫目标，或者是机构的权力过分集中在主要管理人员手中。

3. **营利型**（For - profit corporate structure）

Rock 等人将营利的小额信贷又分为两类：第一类是商业银行和财务公司；第二类是由非政府组织形式的小额信贷机构正规化发展而来的小额信贷金融机构，即由公益性小额信贷机构转制而成的商业组织形式的小额信贷机构。在商业银行和财务公司中，由于有明确的所有权人，机构的目标也很明确，就是赢利。因此，它们的治理问题相对简单得多。对于由非政府组织发展而来的小额信贷机构来说，治理问题就相对麻烦得多。因为，这类组织的董事会成员成分复杂，有非政府组织的，有公共部门的，有私人投资者，还有特别权益基金（Specialized Equity Fund）①，

① 根据 Rock 等人的报告，特别权益基金在拉丁美洲是专门向小额信贷机构提供权益资本的专门基金。如 Profund 就是由 Accion、Calmeadow、FUNDES 和 SIDI 四家非政 （转下页注）

这些人在机构中关注的问题各不相同，代表的利益也各不相同，所以，这类机构的治理非常复杂。

**4. 合作型**

即信贷联盟模式（Cooperative/Credit union corporate structure）。在这种模式下，小额信贷机构的所有者同时也是它们的客户。这种模式治理的关键在于处理好纯存款人和纯借款人之间的利益关系。

在我国，吴国宝（2001）分析了当时我国小额信贷的状况，认为我国小额信贷分为五种组织形式：项目、政府、非政府、农村信用社和农民自治组织。[①] 任常青（2007）从小额信贷机构的机构所有权、资金产权和内部的治理结构方面进行了研究，他把非政府组织形式的小额信贷机构分为两类：一类是在政府支持下自上而下成立的非政府组织，具有“半官方”性质；另一类是由民间自发成立的非政府组织[②]。

可见，根据本书对公益性小额信贷所做的定义，Rock 等人分类中的前两类、吴国宝分类中的前三类和任常青提出的两类非政府组织小额信贷都明显属于公益性小额信贷，同时也是非营利型的小额信贷，而 Rock 等人第三分类中转制而来的营利型小额信贷机构是否仍然具有公益性，是否为社会企业，正是本书准备讨论的问题。正如后文将

(接上页注①)府组织出资建立的特别权益基金，支持拉美的小额信贷机构的发展。这样的基金非常类似孟加拉乡村信托基金（GT）这样的资金批发机构，但是，GT 提供的资金是赠款、无偿使用或者有非常低的利息。而这种权益资本类似于风险投资，只是使用成本可能比正常的商业融资成本低一些。

① 吴国宝：《扶贫模式研究——中国小额信贷扶贫研究》，中国经济出版社，2001。

② 任常青：《中国非政府组织小额信贷机构制度安排的症结与出路》，中国社会科学院农村发展研究所编《中国农村发展研究报告 No. 7》，社会科学文献出版社，2010。

要指出的那样，合作社也具有一定的公益性，国外一些学者将合作社也定义为社会企业，所以，本书也会涉及对合作型小额信贷机构的分析。

## 二 公益性小额信贷的组织制度障碍

公益性小额信贷多由捐助资金建立，采用 NGO 形式，显示了其作为公益组织的合法性，但在经营管理等方面也带来许多障碍。吴国宝（2001）认为，小额信贷机构采用非政府组织形式，没有合法的金融机构地位，不能吸收自愿储蓄，难以利用其他渠道融资，产品设计者、资金提供和主要筹集者以及技术支持者处于小额信贷机构管理的外部，由于风险和产权方面的关系又必须对小额信贷机构的运行和管理进行监督和管理，但是，小额信贷决策和实施职能的空间和权力分开使小额信贷管理的决策很难及时、准确，并导致出现问题时外部管理层和小额信贷机构的责任难以分清。①

任常青（2007）认为，非政府组织与小额信贷机构之间的利益冲突很难协调，在一个机构内部进行公益活动和可持续的商业活动，本身就存在着一定的目标冲突，其结果是要么非政府组织公益性质弱化，要么小额信贷的理念不能贯彻。非政府组织小额信贷的治理结构是影响小额信贷成功的根本因素，其影响主要有如下表现：一是小额信贷机构的宗旨和目标不能得到正确确定。“可持续的信贷扶贫”已经成为小额信贷的重要特征，但是有些非政府组织并没有把可持续性作为机构的宗旨和目标，强调扶贫，忽视可持续性，结果是项目不能制定有效的风险控

① 吴国宝：《扶贫模式研究——中国小额信贷扶贫研究》，中国经济出版社，2001。

制措施。二是内部人控制导致了机构管理水平落后，机构业绩差。三是糟糕的业绩影响了非政府组织小额信贷的扩展，自2000年以来非政府组织小额信贷处于逐年萎缩状态。四是机构创新不足，信贷产品多年一贯制，缺乏激励机制，管理技术落后。①

孙同全（2006）指出，我国社团小额信贷机构的组织形式与其法律实质不符，因为这种形式的小额信贷的资产来源于捐赠和自身积累，应属于大陆法意义上的财团法人，但是我国缺乏财团法人的法律制度，为小额信贷组织制度的完善带来困难。同时，课题组还认为公益性小额信贷的组织结构不完善，会员代表大会、理事会形同虚设，内部缺乏制衡机制，在外部没有从根本上摆脱政府的影响，缺乏独立性和自治性。②

2009年，王灵俊通过长期观察，认为在我国NGO必须挂靠一家党政机构或事业单位作为主管单位导致了NGO对党政机构的依附和从属。他发现，就NGO小额信贷机构而言，即便是独立程度较高的机构，主要领导也往往由挂靠机构派出，有的NGO干脆就是政府机构挂出的另一块牌子。这种做法有两个主要弊端：其一，政府的直接干预导致NGO难以形成有效治理结构，难以建立起长久的公信力，而公信力是NGO的命根；其二，政府官员的频繁更替直接影响NGO小额信贷机构的正常运作，而懂业务且稳定的管理层对循环不息的小额信贷业务至关重要。他认为，由于这些组织制度上的弊端，非政府组织小额信贷日渐

---

① 任常青：《中国非政府组织小额信贷机构制度安排的症结与出路》，中国社会科学院农村发展研究所编《中国农村发展研究报告No.7》，社会科学文献出版社，2010。

② 孙同全：《扶贫小额信贷与公益信托制度研究》，经济科学出版社，2006。

式微。[①]

2010 年，程恩江考察了我国小额信贷非政府组织成长、发展的过程，组织情况和内部治理情况，根据资金来源的不同，他将我国的小额信贷非政府组织分为两类。第一类机构的资金完全是外来的，如中国社会科学院管理的四个扶贫社的资金是由中国社会科学院筹集来的，与当地政府没有关系。他将这一类称为“外来资金支持的小额信贷机构”。第二类是国际组织捐赠的项目，如 UNDP 和 UNICEF 的项目，项目由县或市级政府组成项目办公室进行管理，项目办公室在项目执行期间或项目完成后再转变为非政府组织小额信贷机构。他将这一类称为“项目资金支持的小额信贷机构”[②]。程恩江发现，一般而言，外来资金机构内部人控制比较严重，而项目资金机构当地政府控制的可能性更大。对外来资金机构来说，因为当地政府的介入非常有限，往往由于信息的不对称、高昂的监督成本（北京离项目县一般比较远）以及监测手段（没有好的计算机管理信息系统）和监测技术方面（如监测指标有问题或监测人员不专业）的原因导致上级管理层无法有效监管，形成内部人控制，即主要由小额信贷机构的经理人控制。另外，对上级管理层来说，撤换县级经理的成本也太高。所以，只要县级经理没有明显的犯

---

① 王灵俊：《NGO 小额信贷式微》，《南方周末》2009 年 12 月 10 日。

② 所谓“外来资金”和“项目资金”，笔者认为并无本质上的区别。这两种情况的区别更多地在于项目启动和运行之后地方政府的参与程度。在项目启动之时，地方政府往往都要出面提供支持，这两类情况的区别是：前者是地方政府一般只是提供政策、办公条件和外部环境等方面的支持，没有直接参与项目的立项，也没有参与项目启动后的管理和操作；后者是地方政府直接参与了项目的立项，在项目启动后还参与了管理，常常在政府内部成立了项目办公室，派出管理人员，划拨办公经费等。所以，后者情况下，地方政府介入更深，各方面的投入更大，利益涉及更深。

规，或自己提出辞职，一般不会轻易撤换县级经理。项目资金支持的机构，一般是由当地主管部门，通过理事会和对经理人的任免直接控制。项目资金支持的机构也有可能发生内部人控制，但概率要小得多。主要原因是当地主管部门（通过理事会）就在跟前，监督的成本相对较低，撤换经理人的成本相对也较低。另外，与上级管理层比，当地政府能够采取的手段多而且更有效力。①

## 第二节 公益性小额信贷机构转制

任何一个组织都生存在一定的环境中，受到内外因素的影响。“外因是变化的条件，内因是变化的根据。”② 公益性小额信贷机构的转制是在内外部力量的推动下形成的。

### 一 公益性小额信贷组织的利益相关者

“利益相关者是能够影响一个组织目标的实现，或者受到一个组织实现其目标过程影响的所有个体和群体。”③ 利益相关者对组织的形成、治理和运行有着重大影响。Rock 等人认为，小额信贷机构面对着不同的利益相关者，它们对小额信贷机构都有着一定的要求和期待。所以，

① 程恩江：《中国非政府组织扶贫：小额信贷案例分析》，中国国际扶贫中心研究报告，2010 年第 3 期，http：//www.iprcc.org.cn/front/article/article.action？id＝688，2012 年 10 月 3 日。

② 毛泽东：《矛盾论》，中共中央党校编《毛泽东著作选编》，中共中央党校出版社，2004，第 88 页。

③ Edward R. Freeman，*Strategic Management：A Stakeholder Approach*，Cambridge University Press，2010.

小额信贷机构要充分考虑这些要求和期待。Rock 等人将这些外部利益相关者分为三组：出资人、监管机构和其他利益相关者。前文中 Rock 划分的四种小额信贷组织形式与这三组利益相关者的关系如表 2－1 所示。

**表 2－1　小额信贷不同组织形式及其利益相关者**

| | 非营利/非政府 | 公共产权/政府 | 互助/合作 | 营利/私人 |
|---|---|---|---|---|
| 出资人 | 机构捐助者和个人捐助者、批发贷款的商业银行、担保提供者、非政府组织自己 | 政府及其下一级的财政机构 | 所有人/成员、外部捐助者、国内国际资助机构 | 追求利润最大化的私人投资者、非政府组织、管理层、雇员、储户、多边发展银行 |
| 监管机构 | 没有对 NGO 小额信贷机构的监管机构。发展中国家几乎没有对 NGO 小额信贷机构监管的规定 | 银行、中央银行和财政部的监管 | 专门的信贷联盟监管机构 | 银行监管 |
| 其他利益相关者 | 客户、雇员、外部的技术供应者（如法律顾问）、小额信贷专家 | 政府官员、客户、雇员、供应者 | 作为客户的成员、雇员、供应者 | 股东、雇员、客户、供应者 |

Rock 等人从小额信贷机构的出资人中选取了非政府组织、私人投资者、政府机构和特别权益基金①，分析它们在小额信贷中的“利益”所在②，如表 2－2 所示。

---

① 这是拉丁美洲的一种小额信贷机构的投融资机制。

② 英文是“What is at stake for owners of MFI”，这里，“stake”有“利害攸关的”意思，是指所有者最关心的东西，并非一定有经济价值，很难找到一个恰如其分的汉语词汇与之对应。

表 2-2 小额信贷机构的所有者的利益所在

| 非政府组织① | 私人投资者② | 政府机构③ | 特别权益基金 |
|---|---|---|---|
| 机构的使命（mission）<br>投资收益<br>机构长期发展<br>机构的信誉和形象 | 投资收益<br>资本保值<br>社会责任感 | 政治考虑<br>进入一个新领域的兴趣<br>投资收益 | 投资收益<br>机构的使命<br>机构的长期发展 |

从表 2-2 可以看到，非政府组织向小额信贷机构出资首先是为了实现机构的使命，因为非政府组织一般都是以社会发展为己任。投资收益和机构的长期发展也是非政府组织考虑的内容，但它是次于机构使命的第二、第三选项。与非政府组织不同的是，政府出资者最关心的是政治考量和可以运用权力的新领域。私人投资者则往往将赢利作为第一考虑。

## 二 公益性小额信贷机构转制的动力及其问题

Maria Otero（2001）从 NGO 的角度出发，认为 NGO 小额信贷机构通过转变成专门的微型金融机构可以专注于微型金融业务，迅速扩大小额贷款的规模，从而为更多的低收入人口提供金融服务。为了适应这样的转变，NGO 小额信贷机构需要提高他们运营的效率，引进良好的信

① 指向小额信贷机构提供资金的比较大的非政府组织，这类机构包括慈善基金会。

② 目前，在国际上私人投资者中也有社会责任投资者，他们的目的在于通过小额信贷这种形式来帮助弱势人群生产自救，而不在于投资回报。我国也有这种情况。

③ 康晓光的实证研究发现，在我国“政府之所以要把扶贫列入行动日程，不仅仅是为了维护底层群体的基本权利，也是为了赢得政治支持、确保社会安定、维护民族团结、边疆稳定和国家统一”。参见康晓光《NGO 扶贫行为研究》，中国经济出版社，2001，第 47 页。

贷技术来控制信贷风险和其他风险，降低成本，并招聘合格的经理和信贷人员；非政府小额信贷机构需要实现在更大的地域内运行，直至到全国的范围内运行。只有这样，微型金融机构才能获得可持续的资金来源，包括存款和批发资金，从而能够扩展规模，实现操作和财务的可持续性，为更多的贫困人口提供金融服务。①

Lauer（2008）系统地研究了NGO小额信贷机构的转制问题。她认为，NGO小额信贷机构转制的主要原因包括以下方面：①摆脱NGO难以获得公众储蓄和商业性借款的障碍，扩大资金规模；②这样NGO小额信贷机构可以在业务发展形势良好的情况下迅速扩张，取得规模效益，服务更多客户；③成为合法的信贷机构；④给予管理层和员工股份，加强激励效果，提高经营效率和效益。②

Lauer发现，NGO小额信贷机构的转制可能带来一系列的问题，诸如转制中捐赠资金和其他财产以及债务如何处理、转制后的小额信贷机构中谁是合法的所有者、能否继续坚持原来的宗旨和治理结构、如何安排各利益相关方的股权配置、新机构的初始股东如何退出等。③

Lauer分析了全球转制的NGO小额信贷机构的情况，发现转制后的小额信贷机构的所有者可能包括以下各方④：建立NGO小额信贷机构

① Maria Otero, 2001, "Governance and Ownership of Microfinance Institutions", Working Report, Microenterprise Best Practices, Funded by USAID, 2001, http://www.gdrc.org/icm/govern/govern.pdf.

② Kate Lauer, "Transforming NGO MFIs: Critical Ownership Issues to Consider", CGAP: Occasional Paper, No. 13, 2008.

③ Kate Lauer: "Transforming NGO MFIs: Critical Ownership Issues to Consider", CGAP: Occasional Paper, No. 13, 2008.

④ Kate Lauer: "Transforming NGO MFIs: Critical Ownership Issues to Consider", CGAP: Occasional Paper, No. 13, 2008.

的非政府组织（如国际 NGO 或者私人捐赠者）；原 NGO 小额信贷机构理事会成员；新小额信贷机构的董事会成员（他们同时可能是 NGO 理事会的成员）；原 NGO 小额信贷机构的管理层；新小额信贷机构的管理层（有些人可能是原 NGO 的管理层）；原 NGO 的员工；新小额信贷机构的员工（不一定都是原 NGO 的员工）；客户；技术顾问；外部投资者（如国内外的金融机构或私人投资者）；政府机构。

Lauer 认为，把新的小额信贷机构的所有权分配给理事会成员、管理层和职工的原因应该是对这些人为机构建设作出的贡献的承认和奖励，并且可以将他们个人的利益与新机构的利益结合在一起。但是，向这些人分配所有权比确定外来的投资人的股权更加复杂，尤其是当个人不愿意以市场价格来购买股份时。Lauer 同时注意到，有些 NGO 小额信贷机构的管理层担心转制后他们会失去工作，因而抵制转制。[①]

对于我国的 NGO 小额信贷转制现象，孙同全（2007）认为我国 NGO 小额信贷机构转制有两个方面的原因。一方面是机构自身的原因，首先，小额信贷是金融业务，NGO 不是金融机构，不具有合法的放贷资格。所以，NGO 的小额信贷业务不具合法性，或者说 NGO 没有经营小额信贷的合法身份。其次，创立 NGO 小额信贷的捐赠资金是有限的，不可能长期补入。而小额信贷规模有限就难以达到规模经济，小额信贷机构要达到自负盈亏和可持续发展自然就非常困难。小额信贷高风险、高成本的特征加上非政府组织没有合法经营金融业务的资格使得小额信贷机构难以获得融资。最后，NGO 小额信贷的这种状况，使其难以获得高水平的专业人才，限制了其管理水平和能力的提高。这些原因严重

---

① 这与中国的情况类似。

影响了非政府组织小额信贷的绩效，有些机构濒临倒闭。另一方面原因来自外部竞争，即村镇银行、贷款公司和农村资金互助社，这三种新型农村金融机构和小额贷款公司的迅速发展给 NGO 小额信贷机构带来压力和紧迫感。①

王灵俊认为，可以顺着国际同行的路径来思考中国的 NGO 小额信贷机构出路。国际上成功的机构有两条路可走：转制或沿老路前行。转制的目的是为了突破 NGO 的机构性质给小额信贷业务拓展带来的束缚。从 1992 年到 2007 年底，国际上共有 35 个国家的 84 家优秀的 NGO 小额信贷机构转变成非银行金融机构或商业银行。当然，大多数机构走的是第二条路，即维持 NGO 性质，沿既定的方向发展。但是，即便 NGO 小额信贷机构放贷合法化，如果中国的 NGO 管理政策没有实质性改变，也难以出现独立、规范、自律和值得信赖的 NGO 小额信贷机构，在缺乏有效外部监督的情况下，如何确保 NGO 不会蜕变成少数个人或团体谋取私利的工具，将是一个巨大的挑战。而如果 NGO 转制后能否“不变色”（坚持服务低端客户）取决于控股资本的性质。国际上成功转制而又不改初衷的小额信贷机构背后撑腰的是社会责任投资者。欧美 4 万多亿美元的社会责任投资是 NGO 成功转制的可靠合作伙伴。目前，在国内的社会责任投资者尚在孕育、国外的社会责任投资者又无法大规模进入的情况下，NGO 转制后“变质”的可能性很大。看看各地为小额信贷公司设立的高门槛就知道，转制后 NGO 恐怕只能当小股东，从而失去对机构发展方向的掌控，最终受影响的是低收入客户群体。②

---

① 孙同全：《非政府组织小额信贷的转型、定位和政策》，中国社会科学院贫困问题研究中心《小额信贷扶贫》2007 年第 4 期。

② 王灵俊：《NGO 小额信贷式微》，《南方周末》2009 年 12 月 9 日。

## 三　社会企业与小额信贷组织

对于社会企业的产生，于晓静在考察了英国的社会企业后总结认为，英国社会企业兴起的背景可以归纳为四个方面。一是在第三次工业革命过程中，信息技术的发展和全球化导致了大量技术性失业者，“从摇篮到坟墓”的福利政策难以为继，促使英国政府采取“积极福利”政策，减少救助，激励享有救济的个人实现再就业。这为非营利部门提供的产品和服务创造了巨大的市场。二是在这种大背景下，非营利组织改变了传统的运作方式，不再仅仅停留在发放救济金的层面，因为这样会增加受助者遭到的社会排斥，而是更多地借助市场手段来提供福利服务，提高受助者的人力资本，为他们创造就业机会，把单纯依靠资助的福利项目演变为可持续发展的产业，让整个社区受益，这样就产生了社会企业。三是企业社会责任的兴起推动了一种兼顾社会和环境可持续发展的全新经济和商业模式，为社会企业的发展营造了友好的舆论环境和实际支持。四是购买承担社会责任的企业的产品和服务的“道德消费”以及向和社会、环境与伦理道德相统一的企业进行投资的“社会责任投资”成为英国普遍接受的观念和行为，为社会企业创造了巨大的市场和资金来源。①

珍·魏－斯基勒恩（Jane Wei－Skillern）等人（2007）认为，相对于商业资本市场，慈善（公益）资本市场高度分散。社会企业家在很大程度上有不同的筹资渠道，包括个人捐款、基金会赠款、会费、使用

① 于晓静：《英国的社会企业及其治理结构》，王名等编著《英国非营利组织》，社会科学文献出版社，2009，第199～204页。

者付费以及政府资助。这些资助者的动机不完全一样，他们往往根据自己的意愿和目的设定资金的目的和使用条件，这样，能够实际利用的资金往往非常有限，而且有些资金的使用期很短，社会企业家不得不把多种来源的资金拼凑在一起，其中一些资金附带支出限制和不同的问责制，这使得社会企业家需要不断地开展筹资活动。而且社会企业很少能够按照市场水平为雇员支付薪酬，也不能为员工提供类似股票期权的激励方式。这些困难有时会迫使社会企业家选择营利机构的运作方式，如进入商业资本市场以及用更有竞争力的工资来吸引人才。[①] 正如本书第一章中谈到的，社会企业的这种处境与公益性小额信贷机构完全一样。

国际上许多学者都将公益性小额信贷机构作为社会企业进行研究，最有影响的当属孟加拉乡村银行创始人穆罕默德·尤努斯教授，他近年来连续出版了两部关于社会企业的著作[②]。尤努斯教授认为，在社会企业中投资人的目的是帮助其他人，而非为自己谋取经济回报；社会企业要能够自负盈亏，经营所得一部分用于扩大经营，一部分用于预防各种不确定性，这样，社会企业可以称为“没有损失、没有分红的公司”，完全是为了实现社会目标。[③]

尤努斯教授将社会企业分为两类：第一类是为解决社会问题而建立的，没有损失、没有分红的社会企业，投资者仅将初始投资收回，而将利润全部扩大和提高经营水平。例如，孟加拉乡村银行（Grameen

---

① 〔美〕珍·魏－斯基勒恩等：《社会部门中企业家精神》，翟启江等译，社会科学文献出版社，2011，第13～15页。

② 一本是2007年出版的 *Creating a World without Poverty*: *Social Business and the Future of Capitalism*，一本是2010年出版的 *Building Social Buisiness*，这两本书都已译成中文。

③ Muhammad Yunus, *Building Social Business—The New Kind of Capitalism that Serves Humanity's Most Pressing Needs*, Public Affairs, New York, 2010.

Bank）与法国达能公司在孟加拉合资建立的乳制品公司生产的儿童酸奶，就是为了解决孟加拉国儿童营养不良的问题。第二类是由穷人拥有的营利企业，目的是为了社会发展事业，企业的经营由穷人直接管理或者通过信托管理，企业的赢利分配给穷人，以解决贫困问题。这类社会企业的代表是乡村银行。①

我国对社会企业②的研究起步相对较晚，近年来从社会企业的角度研究小额信贷组织的逐渐多起来。孙同全（2007）认为，公益性小额信贷不但与正规的商业性金融不同，也不同于政府的政策性金融，商业性金融是逐利的，政策性金融是直接为了实现政府的经济和社会发展的政策目标。公益性小额信贷是本着非政府组织的理念，致力于扶助弱势，促进社会的发展。这样，按照将社会分为政府、企业和民间组织（所谓的公民社会）的三个部门的分类方法，金融同样可以分为政策金融、商业金融和社会金融③三个部门（见图 2－1）。NGO 小额信贷应该

① Muhammad Yunus, *Building Social Business—The New Kind of Capitalism that Serves Humanity's Most Pressing Needs*, Public Affairs, New York, 2010, p. 2. 值得注意的是，尤努斯的这种分类与其对社会企业的定义不完全一致：定义中强调没有分红，而分类中第二类则可以将赢利分配给穷人股东。对此，尤努斯教授在这本书中没有给予解释。但是，乡村银行将穷人妇女客户作为银行的股东，并将银行赢利的一部分用于向这些股东分红，在这一点上乡村银行表面上是股份制，但与信用合作社的功能也相同，即穷人之间融通资金，并获微利。

② 本书讨论的社会企业不是马克思在《资本论》中所提到的社会企业。马克思谈到的社会企业是指股份公司，与独立的、单个存在的私人企业相对应，是这些独立的、单个存在的私人资本集中在一起建立的股份公司。参见中共中央党校教务部编《马列著作选编》，中共中央党校出版社，2002，第 223 页。

③ 国际劳工组织在 20 世纪 90 年代初就提出“社会金融”（Social Finance）的概念，即以金融手段服务于社会发展目标，并成立了社会金融部门（Social Finance Unit），推动小额信贷和微小企业信用担保基金。

定位于社会金融，其组织载体应该是一个社会企业，即通过市场化的操作，达到实现社会公平进步的目的。而政策金融、商业金融和社会金融的划分和构成能够将联合国提出的普惠金融体系的理念具体化，公益性小额信贷是其中社会金融的重要组成部分。

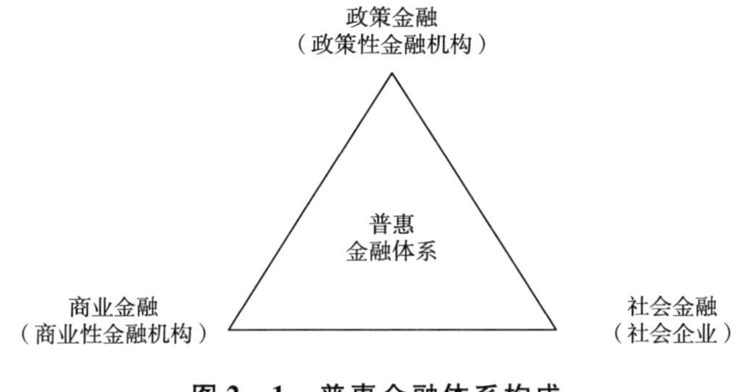


**图 2-1　普惠金融体系构成**

作为社会金融，公益性小额信贷与正规的商业金融和政策性金融的市场定位和目标客户应该是不同的。公益性小额信贷应该继续瞄准其他金融部门不服务的中低收入人群，即金融市场中低端客户。如果公益性小额信贷也与正规的金融机构争夺客户，而远离原来要服务的人群，这不但违背当初的组织宗旨和目标，而且也是在普惠金融体系之中“越位”，而使普惠的金融服务得不到实现。所以，尽管公益性小额信贷存在各种问题，但是，如果定位不准，不但难以说服政府制定相应的促进政策，而且会造成机构本身经营目标和行为的混乱。[①]

彭靖和李东林（2010）对我国比较成功的 NGO 小额信贷机构宁夏

---

① 孙同全：《非政府组织小额信贷的转型、定位和政策》，中国社会科学院贫困问题研究中心《小额信贷扶贫》2007 年第 4 期。

扶贫与环境改造中心转制为小额贷款公司从社会企业的角度进行了研究。他们发现，一方面通过为贫困群体提供贷款使他们增加收入以摆脱贫困；另一方面，贷款的利润盈余为非营利组织的可持续发展提供了支持，而不必依赖外界的援助，为公益事业的持续发展奠定了基础。[①]

---

① 彭靖、李东林：《宁夏盐池小额贷款的实践：社会企业视角》，《中国非营利评论》2010年第2期。其实，作者研究所得出的这一结论并没有说明宁夏扶贫与环境改造中心进行商业化改制的重要意义和经验。因为没有转制时，作为一个NGO，这个小额信贷机构就已经实现了财务上的自负盈亏，做到了机构自身可持续发展与服务社会目标的统一。转制解决了两个问题：所有人（即剩余索取人）的利益得到保证；内部人的利益得到保证。

# 第三章　组织制度变迁基本原理

非政府组织常常被称为非营利组织。但是这两个名词在突出这类组织的特点时有不同的侧重，差别非常细微。非政府组织的概念似乎更大一些，可以涵盖所有在政府和市场体系之外的所谓“第三部门”的各种组织形式，而“非营利”与“营利”相对，更多地相对于市场中营利企业而言，因而非营利组织更多地用以描述经济领域内的非政府组织。由于NGO小额信贷机构是以经济手段扶贫，为了突出这一点，本章的理论分析侧重在非营利组织理论，特此说明。

## 第一节　组织和制度的定义

### 一　组织

现代汉语的“组织”一词来源于英文，动词形式是organize，名词形式是organization。作为动词，“组织”的意思是按一定目的将一组人进行编排、组合；作为名词，是这些活动的结果——形成一个有名称、目的和成员身份的团体，这个团体的内外有明确的界线。① 在 20 世纪初，马克斯·韦伯最早把组织作为基本研究对象加以界定，并进行了系统研究，被后人称为“组织理论之父”。自韦伯以来，许多研究者对组织做了不同的定义，但迄今没有一个被普遍接受的定义。简而言之，组织是人们为了实现某一或某些共同目的而形成的一个行动团体，组织的基本要素可以归纳如表 3－1 所示。

**表 3－1 组织的基本要素**

| 要素 | 意 义 |
| --- | --- |
| 人 | 构成组织的基本单位和行为载体 |
| 目标 | 组织产生和存在的理由 |
| 规则 | 组织成员之间的相互关系和互动规范 |
| 结构 | 与规则相伴生的内部结构和对外的边界 |
| 活动 | 为实现组织目标通过组织成员做出的行动 |

## 二 制度

制度（Institution），其本意含有“大型的、重要的组织，以及某一社会或群体的习俗（Custom）和体制、机制（System）”② 之意。现在社会科学诸门类所谈的制度是从其本意引申出来的，其定义各有侧重，这“取决于分析的目的”③。制度可以概括为包含两个内容：规则和组

① Howard Lune, *Understanding Organization*, Polity Press, 2010, p. 2.

② 《柯林斯 COBUILD 英语词典》，上海外语教育出版社，2000，第 875 页。

③ 〔日〕青木昌彦：《比较制度分析》，周黎安译，上海远东出版社，2002，第 2 页。

织结构。[①] 没有组织结构，即没有组织内部、组织之间或组织与外部环境之间的相互关系，也就无所谓的规则[②]；没有规则也体现不出组织内部各种组织要素的相互关系。制度的含义如图 3 - 1 所示。[③]

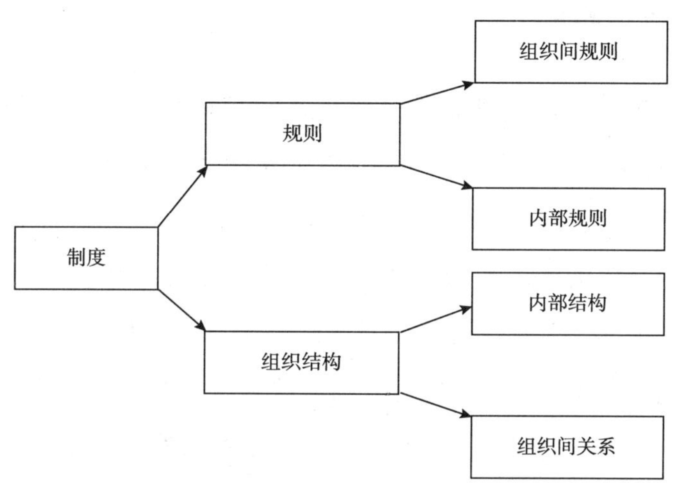


**图 3 - 1　制度的含义**

可见，组织结构和规则相伴生，共同构成了组织制度。组织制度的外在表现就是不同的组织形式，如公司、协会、政府等，也就是营利组织、非营利组织和政府组织等。本书就是在此意义上，讨论 NGO 小额信贷机构作为一个非政府组织或非营利组织的制度问题。

---

① 有些学者认为制度只是规则，而不包括组织结构。但同时，他们又自相矛盾地指出："某些制度需要组织的支持。规则可以体现在组织之中。正如某些只是隐含或体现于（被植入）资本物品内那样，制度有时也隐含于组织结构中。……某些制度体现着不可言传的知识并与某些组织安排不可分割地联系在一起……组织往往使制度具体化，并成为非可言传知识的仓库。"参见柯武刚、史漫飞著《制度经济学——社会秩序与公共政策》，韩朝华译，商务印书馆，2000，第 117 ~ 118 页。

② 规则可以分为正式规则（如法律、合同）和非正式规则（如习俗、道德规范、社会观念）。

③ 孙同全：《扶贫小额信贷与公益信托制度研究》，经济科学出版社，2006。

## 第二节　组织制度的形成与变迁[①]

### 一　效率机制

所谓效率，在新古典经济学看来，就是产出（利润）的最大化，也就是（投入）成本的最小化。新制度经济学也是在这个逻辑的基础上提出组织的产生就是为了降低交易成本。[②]

制度经济学的代表人物康芒斯提出了“交易是经济分析的基本单位”的思想。他认为，交易“不是实际‘交货’那种意义上的‘物品’的交换，它们是个人与个人之间对物质的东西的未来所有权的让与和取得”[③]，每一次的交易都是一个合同行为，都意味着一次签约。由于人类的有限理性和机会主义的本性，就会产生交易的风险。为了降低风险，人们就需要尽可能地收集更多的信息，并且进行谈判，草拟合同，并在合同达成后监督合同的履行。[④] 这些成本就构成了交易成本。所以，后来的经济学家阿罗给交易成本的定义为“经济系统的运行成本”，而威廉姆森将交易成本形象地比喻为“物理学中的摩擦力”[⑤]，这意味着交易成本在任何交易中都是存在的。当交易成本过高而使交易无法达成时，就出

① 本节中关于效率机制、合法性机制和共同目标机制的内容主要引自孙同全《扶贫小额信贷与公益信托制度研究》，经济科学出版社，2006。

② 〔美〕罗纳德·H. 科斯著《企业的性质》，《企业、市场与法律》，盛洪等译，上海三联书店，1990，第1~18页。

③ 〔美〕约翰·康芒斯：《制度经济学》（上册），于树生译，商务印书馆，1962，第73页。

④ 〔美〕约翰·康芒斯：《制度经济学》（上册），于树生译，商务印书馆，1962，第35页。

⑤ 这两种说法均参见〔美〕奥利弗·E. 威廉姆森著《资本主义经济制度——论企业签约与市场签约》，段毅才等译，商务印书馆，2002，第31页。

现了科斯所发现的“一系列的契约被一个契约替代了”的现象，即组织产生了。

组织的产生是因为效率的原因，那么组织制度的选择，即为什么一个组织采用这样的治理结构，而不采用那样的，是不是也有效率的原因呢？新制度经济学认为，组织制度的选择也是由效率机制决定的。效率机制不是确切地计算出交易成本的具体数值，而是通过比较不同的组织制度的交易成本的大小来决定选择哪种组织制度。① 所以，威廉姆森认为“经济组织的主要目的和效果在于节约交易成本”②，“签订一项合同，不仅仅是为了解决其执行过程中发生的纠纷，而且还要实现看到可能发生的冲突，并设计出相应的治理结构，以求防患于未然或减轻其严重后果”③。

## 二　合法性机制

一种组织制度产生之后，必须能够与其生存的外在制度环境相适应，这是合法性机制的要求。合法性（legitimacy）机制是组织社会学新制度主义的一个核心概念。“legitimacy”的解释为“being acceptable according to the law; being reasonable and justified”④，译成中文就是：“根据法律可以接受的；或者，被证实是有道理的”。所以，这个词也

---

① 〔美〕奥利弗·E. 威廉姆森：《资本主义经济制度——论企业签约与市场签约》，段毅才等译，商务印书馆，2002，第33~36页。

② 〔美〕奥里弗·E. 威廉姆森：《治理机制》，王健等译，中国社会科学出版社，2001，第7页。

③ 〔美〕奥利弗·E. 威廉姆森：《资本主义经济制度——论企业签约与市场签约》，段毅才等译，商务印书馆，2002，第46页。

④ 《柯林斯 COBUILD 英语词典》，上海外语教育出版社，2000，第951页。

有人译为“正当性”或“正统性”。①

所谓合法性机制就是强调在社会认可的基础上建立的一种制度力量，诱使或迫使组织采纳在外部环境中具有合法性的组织结构或做法，也可称之为“社会承认的逻辑”或“合乎情理的逻辑”。这种外部的制度力量包括法律制度、文化期待、社会规范等为人们“广为接受”（taken for granted）的社会事实。② 组织社会学新制度学派在研究组织的趋同现象时发现，组织的制度化过程就是组织不断地接受和采纳外界公认、赞许的形式、做法或“社会事实”的过程。组织的趋同现象起源于组织面临的制度化环境，通过三种机制实现。

第一，强迫机制。例如，组织必须遵守政府制定的法律、法令，不然就会受到惩罚。

第二，模仿机制，即组织模仿同领域中成功组织的行为和做法。模仿的一个重要原因是环境的不确定性。当环境不确定，各个组织不知道什么是最佳的方案，通过模仿其他成功的组织，可以降低不确定性带来的风险。模仿可以分为两类：竞争性模仿和制度性模仿。前者指模仿竞争对手；后者指模仿被社会普遍接受的合情合理的做法。

第三，社会规范机制，社会规范包含着共享观念、共享思维，它诱使或迫使组织采取与其相一致的形式和做法，以取得合法性，取得社会的承认。

---

① 合法性概念最早是韦伯（Max Weber）提出来的。他指出，一个组织、群体、社团或部落中都有一个权威（authority）。韦伯认为，通过以下三种方式产生的权威才是合法的、可接受的：其一，个人魅力，人们愿意追随；其二，传统，如权位继承；其三，法律理性，如选举。参见〔德〕马克斯·韦伯著《经济与社会》（上卷），林荣远译，商务印书馆，1998，第238~242页。

② 周雪光：《组织社会学十讲》，社会科学文献出版社，2003，第72页。

非营利组织制度必须合乎合法性机制的要求，突出表现在非营利的宗旨和组织形式。例如，对于一个非营利组织来说，如果经营结果有净盈余，它的出资人（捐赠人）不能像公司的股东那样将这些盈余像公司的利润那样进行红利分配。这些盈余应重新回到公益捐赠的资产中扩大公益资金的规模。因为公益捐赠是出于公益目的，促进公共利益，所以常常得到政府的各种政策优惠，并能得到良好的社会声誉，有助于捐赠人提高社会地位。如果捐赠人将赢利进行分配，那又怎么能让人相信他们不是在利用公益捐赠的种种便利和好处来谋取私利、沽名钓誉呢？所以，非营利组织不仅需要声明自己的公益性宗旨，约束自己，而且有强制性的法律法规和非强制性但道德力量强大的社会期待来约束公益组织的治理结构。

## 三　共同目标机制

组织代替了单个的个体交易，降低了交易成本，但是，组织的规模也不可能无限地扩展下去，因为组织内部本身也存在交易成本。所以，科斯指出“企业将倾向于扩张直到企业内部组织一笔额外交易的成本，等于通过在公开市场上完成同一笔交易的成本或在另一个企业中组织同样的交易的成本为止”①。这就是组织的边界。所以，在市场经济中，我们看不到一个大的无所不包的企业。相反，可以看到的是数不清的各种规模的企业。

既然组织有边界，其规模和范围也不可能无限扩大，那么，必然还

① 〔美〕罗纳德·H. 科斯：《企业的性质》，《企业、市场与法律》，盛洪等译，上海三联书店，1990 年第 1 版，第 10 页。

有组织与组织之间的交易发生，一个组织与其他组织长期交易，就会形成相对独立的组织网络。但是，制度经济学对于为什么一个组织与这个组织或这些组织形成网络，而没有与另外的组织形成网络，却没有解释。

社会学的社会网络理论认为，整个社会是一个网络结构，每个人、每个组织都在这个网络当中；社会网络具有功利性和工具性，即人们参加社会网络是为了追求个人的私利，这种动机产生了一种潜在功能，就是起到了整合群体强化共享观念的作用，因为每个人都追求自己的利益必然导致利益冲突，人们就会寻找“共享观念”，这样就可以分工合作，实现彼此的利益。所以，社会网络是以私利为基础，通过共享观念联结而成的。共享观念为彼此联结提供了可能，微观层次的利益为共享观念提供了动力。这种共享观念就是网络成员的共同的目标，对这种网络形成的机制，本书称之为共同目标机制。

在非营利的公益组织网络当中，捐赠人、受赠人和监督人的行为的共同目标是实现公共利益，这是各方合作的基础，没有这个共同目标，这个网络将走向解体。

## 四 自由意志决定机制

如前所述，目标是组织的基本要素之一，组织得以建立就是为了实现这些目标，没有这些目标就不会有组织的产生。因而，组织的目标必然反映组织创建者的意志。

人的行动是由各种不同的动机决定的，这些动机是为了保证生存和满足各种需要而产生的。当一个人意识到自己或社会有某种需要时，就会产生满足需要的愿望，从而进一步有意识地确定追求的目的，拟定达到目的的计划，并做出行动。意志就是“一个人用以控制其行为、选择其行动方针并指导其达到一定目的的精神能力或精神力量。意志与认识和推理不同，它表示一种选择行动方针的能力”①。

在西方哲学家的心目中，意志具有无上崇高的地位。奥古斯丁认为意志是一切精神活动的基础；阿奎那认为意志是“灵魂王国中的第一推动者”；司各脱认为意志高于理智，因为意志可以决定理智去思考不同的对象和改变不同的对象；叔本华认为意志是整个世界的基础，它不仅是万物的本原，而且是终极的实在，一切事物都是意志的表现，理性受意志的支配；尼采认为人的行动是要受到意志支配的，对权力意志的追求，既是宇宙的本质又是自然和社会的唯一动力。因此，意志是在社会实践的基础上自觉地确定目的，并给予目的积极地调动自己的力量以掌握一定的对象，事先预定目的的精神力量。②

意志是心理过程，是精神活动，是抽象的，需要通过具体的事物表现出来，需要具体的载体来实施。组织就是其创建人表达意志、实现意志的载体和工具。组织的创建者包括出资人和其他贡献智力和财力的直接参与创建的人，是组织的直接而关键的利益相关者。他们的意志决定了组织的目标。而从内心生发出意志对于其主体而言是自由的。所以，这可以称为创建人的自由意志决定机制。

这样，我们就可以看到，一般而言，在人参与经济活动的价值取向“天平”上，根据创建者的不同意志，组织的目标从公益到私利之间呈

① 〔英〕沃克：《牛津法律大辞典》，邓正来等译，光明日报出版社，1988，第942页；转引自胡伟《意思自治的法哲学研究》，中国社会科学出版社，2012，第18～19页。

② 胡伟：《意思自治的法哲学研究》，中国社会科学出版社，2012，第21～22页。

现出一种过渡状态，据此可以对组织进行不同的定性，同时，反映出其创建人不同的价值倾向（见表3-2）。

**表3-2 创建人意志决定其价值倾向和组织的目标与性质**

| 组织目标 | 只为公益，不求回报 | 为了公益，只收回初始投资 | 兼顾个人福利改善与社会发展 | 只为自己谋利益 |
|---|---|---|---|---|
| 组织性质（形式） | 公益组织（非政府组织、非营利组织） | 严格定义的社会企业（穆罕默德·尤努斯） | 宽泛定义的社会企业 | 私益企业（营利组织） |
| 创建人价值倾向 | 利他主义 | 克己主义 | 自利利他主义 | 利己主义 |

公益（利他） 私益（利己）

## 五 利益平衡机制

一个组织的成立就像一个人出生，有了自己的生命，需要生存和发展。[①] 但是，组织是虚拟的"人"，并不是一个真正的自然人。一个组织的利益和需求来自与组织利益攸关的自然人。这种利益可能是利己的，也可能是利他的，或者是混合的。每一个利益相关方都会自发地追逐自己关心的利益，使利益格局在博弈中趋向平衡，此谓利益平衡机制。这样，正如前文谈到的，利益相关者的行为对组织的形成、治理和运行产生重大影响。

在一项公益事业的组织网络当中，有三类重要的利益相关者：捐赠人、受托人和受益人。这三者之间尽管在共同目标机制下在宏观上享有

① 所以，在法律上将依法成立、具有独立民事行为能力的组织称为"法人"。

共同的目标和价值观，但是在微观上他们有各自不同的利益。各利益相关方的利益必须得到平衡，一个组织才能够顺利运行，这样公益事业组织网络才能正常运行。但是，一般情况下，社会公众更关注受益人的利益，而常常忽视受托人的利益。受托人的利益又常常可以具体化到受托人（即公益组织）的工作人员的利益。

一个组织的利益相关者可能很多，但是组织对于不同的相关者的重要性和意义不完全相同，而且不同的相关者对于组织的影响力也是不同的。前面我们讨论了组织成立时的目标是由创建人的意志决定的。在建立组织之后，创建人不一定保持与组织的利益关系（不管是组织内部工作，还是为组织发展提供各种支持），因而组织的发展状况对他们本身的利益可能没有重要意义。但是，组织发展得好坏却会对对组织有依赖利益的相关者①产生重要影响，比如组织的管理层和员工，他们不仅需要依靠组织的发展来维持家庭生计，而且需要通过组织的发展壮大来抬高自己的社会地位。

对组织现象的研究发现，组织真正的控制者往往不是名义上的所有者，而是真正掌握组织内部信息，能够影响决策及其实施的利益相关者。例如，在对日本100家大型企业的问卷调查中，当问及公司应属于谁，实际又属于谁（可以有多个答案）时，从高级管理人员得到的答案是，股东列在应该拥有公司的所有者榜首，但在实际所有者中，职员列第一位；对中级管理人员的调查表明，他们认为，股东在公司应该属于谁的名单中列第四位，而职员居第一位，在公司实际所有人的名单

① 尽管公益组织的服务对象常常也是有重要依赖利益的相关者，但他们主要是被动的利益接受者，而不能主动地参与到组织的实际经营管理中，因而难以或不能对组织制度的变化产生直接的、实质的影响。

中，股东位于第三，在职员和管理人员之后。[①] 管理人员和职员都是组织的内部人，一般情况下，他们为组织投入了“专用投资”[②]，依赖组织的生存而生存，依赖组织的发展而发展，这种依赖利益决定了他们也是一个组织剩余风险的承担者，从这意义上来说，内部人也是组织的所有者，是组织最重要的利益相关者之一。

因此，尽管一个组织的发展动力表面上应该来自其名义上的所有者，但是实际上常常是来自内部人的需要。在“无主”的非营利组织的情况下，尽管捐助者有各种各样的要求和约束，但是推动组织发展和制度变迁的力量也常常来自内部人。这是典型的内部人控制现象，在组织名义的宗旨和目标之下，追求着他们期望的目标，这种目标与组织创建人的目标不一定一致，从而可能导致组织在后续的发展过程中出现种种“异化”的行为。

---

① 〔美〕保罗·米尔格罗姆等：《经济学、组织与管理》，费方域等译，经济科学出版社，2004，第42页。

② 专用投资或资产专用性（Asset Specificity）是威廉姆森提出的交易成本经济学的一个核心概念。他认为，资产专用性是指为支撑某种具体交易而进行的耐久性投资。具体到专用化的人力资本，是指一个组织的员工为了这个组织的专门的工作任务而投入时间、精力和金钱去掌握的专门知识和技能。这种知识和技能在其他组织不见得需要和适用，可能失去其原有的价值。与专用投资相对的概念是一般性投资，这种资产不会因为转到其他企业而失去用途，也就不会减少其价值。

人力资本是一项重要的专用资产。一个人在一个企业中的专门知识和技能对于另外一个企业可能毫无用途，这就大大增加了一个人更换工作的成本，甚至导致这种更换不可能。参见〔美〕奥利弗·E. 威廉姆森《资本主义经济制度——论企业签约与市场签约》，段毅才等译，商务印书馆，2002，第78~84页。

所以，在公司治理结构中，玛格丽特·M. 布莱尔认为，股东并不是唯一的剩余风险承担者，投资于专门的技能的职工也是剩余风险的承担者，也应该是股东。参见〔美〕玛格丽特·M. 布莱尔著《所有权与控制：面向21世纪的公司治理探索》，张荣刚译，中国社会科学出版社，1999，第181~217页。

所以，不管一个组织的各利益相关方是否主动寻求利益平衡，利益受损的一方总会有足够的动力去寻求平衡，尤其是掌握组织实际运行的内部人更有能力和动力去实现自身利益。

## 六　各种机制之间的关系

效率机制反映了个人和组织追求利益最大化和成本最小化的倾向，讨论的是微观层面；合法性机制反映了个人和组织为了组织的生存追求社会承认的倾向，为实现自己的目标创造或适应一个适宜的环境，着眼于宏观层面；共同目标机制反映了个人和组织在实现自己的利益和目标的过程中必须以共同目标为纽带与其他组织或个人合作，最大限度、最高效率地去实现自己的目标，这可以看成中观层面。在网络化的治理结构中，各个组成方面扮演不同的角色，发挥各自的优势，这三种机制反映的都是人们为了实现追求的目标在三个层面上的行为倾向，三者的关系可以图 3 - 2 表示。

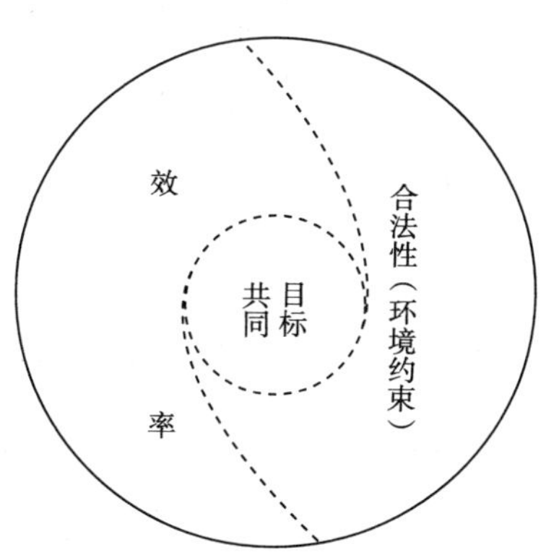


**图 3 - 2　组织制度的三种机制**

共同目标、合法性和效率是创建组织网络或网络化组织所必须考虑的三个要素。首先，要考虑组织制度的效率问题。效率是在资源（不仅包括自然资源，还包括人的精力、时间、财力等）稀缺的条件下，以最小的投入实现目标。组织间形成网络是为了发挥各自的优势，使组织内部和外部的交易成本都达到最小化。其次，组织制度必须符合合法性的要求，为环境所接受，这是组织及其网络得以生存和运作的条件。最后，实现共同目标是形成网络化组织的基本要求。只考虑效率而不能适应环境的组织制度必不能为环境所容，而只适应环境而无效率的组织制度也无法持续，必将为效率更高的组织制度所替代，如果不能实现共同目标，组织或组织网络将解体。

非营利性公益组织及其组织网络的形成是目标机制、效率机制和合法性机制共同作用的结果。在组织网络形成的过程中网络成员的行为规范逐渐内在化，集中体现到非营利组织制度中。例如，在非营利小额信贷机构中，小额信贷机构的主要职能是在地方基层向受益的贫困人群发放贷款。由于它们缺乏与外界的广泛联系，所以筹资工作一般由其他与国内外交往更广泛的公益机构来做；而筹资机构缺乏“地方知识”，地理距离远，所以筹资机构也需要小额信贷机构在基层运用捐赠资金，最终实现公益目的；对于捐赠人来说，要把捐赠的财产和利益送达受益人就更加困难，更需要与公益组织合作。所以，围绕着非营利组织就形成了一个组织网络结构的治理。

上述三种机制是在组织目标既定的前提下对组织制度变迁的解释，难以对组织目标的设立和调整做出解释。自由意志决定机制解释了一个组织初始目标设定的基本机制，而利益平衡机制对组织在发展过程中目标和行为的变化做出解释。后两种机制更注重组织的“内部人”和其他利益相关方对组织制度的重大而关键的影响。

# 第四章　社会企业的产生

正如第二章中谈到的，英国的社会企业是在福利社会政策出现危机和非营利组织运作方式出现重大变化的宏观背景下产生的。本章将讨论从组织制度变迁的角度看社会企业产生的合理性。既然社会企业是秉承非营利组织的目标，采用市场化的方法而产生，本章就从非营利组织产生的激励和弊端作为线索进行分析。

## 第一节　非营利组织失灵

非营利组织起到了纠正市场失灵和政府失灵的作用，体现出效率机制的作用。由于要满足合法性机制的要求，非营利组织表现出其专有的特征，也正因如此，也导致了非营利组织的失灵现象。

### 一　市场失灵

传统自由经济学认为，在完全竞争市场条件下，市场经济能够在自发运行的过程中，仅仅依靠自身力量的调节，实现供给与需求的平衡，使社会上现有的各种资源得到充分、合理的利用，使生产者利益最大化，消费者效用最大化，达到社会资源的有效配置状态。但是，在自由的市场竞争机制下，并非在任何领域、任何状态下都可以实现社会资源的有效配置。这种现象被称为“市场失灵”（Market Failure）。

市场失灵涉及市场机制的方方面面，与非营利组织密切相关的是关于公共产品供给不足和外部性问题。公共产品指的是具有共同消费性质的物品，比如国防、路灯等物品。它不会因为多一个消费者而被耗尽，也无法排除其他人消费该产品。这样，每个社会成员都可以从公共产品中受益，这就容易产生不付费就受益的“免费搭车”（Free - Ride）问题，导致公共产品的提供者在成本与收益上发生不对称问题。因此，如果单纯依靠市场机制的调节，其结果必然会导致社会所需要的各种公共产品在供应量上的不足。

外部性是指某一个体在从事经济活动时，给其他个体造成了消极或积极的影响，却没有承担应有的责任或者没有取得应有的报酬的情形。如果单纯依靠市场调节，将有可能造成市场主体毫无顾忌地过度从事具有负外部性的经济活动或尽可能地减少从事具有正外部性的经济活动，从而降低了市场效率。

## 二 政府失灵

为了克服市场失灵，现代福利经济学认为有效的应对措施是政府提供公共产品或具有正外部性的产品。[①]

但是，政府活动的结果未必能校正市场失灵，政府活动本身也许就

① 郑秉文：《“市场失灵”分析》，《中国人文社会科学博士硕士文库（续编）：经济学卷》，浙江教育出版社，2005。

有问题，甚至造成更大的资源浪费，主要原因包括政府决策的无效率、政府机构运转的无效率和政府干预的无效率，形成“政府失灵”。政府决策的无效率集中体现在：一是民主投票程序掩盖了选民之间个人需求的异质性，从而导致不能满足少数选民的合理需求；二是政府是由具体的人运作的，政治家的决策很可能受个人利益因素影响，未必符合公共利益或社会目标，而使广大选民的利益受损；三是利益集团可能对政治家施加影响，使决策有利于自身利益，而未必符合社会公共利益。政府机构运转无效率的原因主要表现在缺乏竞争、缺乏激励两个方面，从而导致提供的服务质量低、成本高。政府干预的无效率常常表现为各种行政审批制度所导致的寻租现象，造成社会运转低效和社会资源的巨大浪费。

## 三 非营利组织特征

这样，在市场失灵和政府失灵的情况下，就产生了对非营利组织的需求，从而形成了政府、市场和公民社会三个部门。所以，市场、政府和非营利组织都是满足个人需求的手段，具有相互替代性和互补性。

关于非营利组织，在理论和实践上一般没有明确统一的定义，各国对非营利组织的定义也分见于不同的法律中。美国的非营利组织定义主要体现在联邦税法当中，是指不向组织的控制者分配利润，并借由服务于公共利益而获得免税待遇的自治组织。[①]

我国关于非营利组织的定义主要体现在《民间非营利组织会计制

---

① Elizabeth T. Boris and C. Eugene Steuerle, *Nonprofit and Government*, Urban Institute Press, 2006, p. 3.

度》当中，该制度对民间非营利组织进行了列举式的定义：民间非营利组织包括依照国家法律、行政法规登记的社会团体、基金会、民办非企业单位和寺院、宫观、清真寺、教堂等。这一定义与我们讨论的非营利组织的内涵有两点不同：一是它不包括事业单位，这是以国有资金建立的非营利组织，而且是一种重要的公益性小额信贷组织形式；二是它将宗教团体包含在内，这与国际上对非营利组织的一般定义有所不同。所以，本书所讨论的非营利组织范围包括事业单位，不包括宗教团体。

非营利组织被称为"非营利"，并不意味着这样的组织不开展营利活动。非营利的概念来自英文，使用的英文词为"non - profit"或"non - for - profit"，所表达的意思是"不是为了利润"。所以，"非营利组织"的意思就是"组织目的不是为了利润的组织"，创建人或出资人创建这类组织的目的不是为了自己获得经济回报，而且在结果上，这些组织也不能将利润分配给创建者或出资人，他们也不能成为这类组织的所有人。这被称为"非分配约束"（nondistribution constraint）[①]，也是合法性机制的体现。

由于非营利组织提供的是公共产品，具有正的外部性，组织本身没有经济回报或者收入因而弥补不了成本，所以，非营利组织一般是建立在志愿服务和公益捐赠的基础之上。依据这样的逻辑，非营利组织呈现出以下特征。

**1. 产权公益性**

财产的性质可以分为两种：一种是财产的所有者为个人的利益运用

---

① Henry Hansmann, "The Role of Nonprofit Enterprise", *The Yale Law Journal*, Vol. 89, No. 5, April 1980.

财产，如个人或企业购买股票以获红利或炒股赚钱，或者投资办企业等；另一种是将财产贡献给增进社会利益的事业。这两种财产的目的是不同的，前一种是为了个人的利益，后一种是为了公共利益。对前一种财产我们可以称之为私益性财产，后一种被称为公益性财产。所以，财产可以分为私益性财产和公益性财产两种，这两种性质体现了人的自由意志。[①]

私益产权的所有者是明确而特定的，其运用财产的组织形式是营利性的，如公司。私益产权是市场经济的基础，为经济发展提供了强大的动力。公益产权的所有者是不特定的，其组织形式采取的是非营利的公益组织形式。从非营利组织的产生来看，其产权天然地是公益性质的，是为公共利益服务的，不属于具体的某个人或某些人，包括出资者、理事会成员或者管理层。产权的公益性是非营利组织各种特征的基础。

2. **非营利性**[②]

这是这类组织区别于市场经济中的营利组织的本质特征。严格的非营利性包含三个层面：一是存在非营利的分配与收入约束机制，要求非营利组织的捐赠人、理事会成员和实际管理者不得从其财产及运作中获得利益，即上述的“非分配约束”。二是存在非营利的组织运作和管理机制，要求非营利组织在其决策、执行和监督的各个环节都要具备有效规避较高风险与较高回报的自我控制机制，以及避免用利润和收益作为

① 孙同全：《公益捐赠资金的信托化治理——以外援扶贫小额信贷为例》，中国社会科学院研究生院博士论文，2005。

② 此点及以下两点引自王名《中国民间组织 30 年——走向公民社会（1978～2008）》，社会科学文献出版社，2008，第 6～7 页。

激励手段的管理规则。三是存在非营利的财产保全机制，要求非营利组织不得以捐赠以外的其他方式（如集资、投资、合资、并购等）变更财产及其产权结构，当组织终止其活动并注销时，其剩余财产不得以任何形式转移给包括捐赠人在内的私人所有，而只能用于符合其宗旨的其他活动。①

3. **非政府性**

这是非营利组织区别于政府等公共组织的本质特征，主要表现在三个方面：一是非营利组织在决策体制上不同于政府等公共组织，具有自主、自治和独立性；二是非营利组织在治理结构上不同于自上而下的党政体系，具有民主、公开和社会性，是民主治理、公开透明的开放组织；三是非营利组织在运作机制上不同于政府，具有非垄断的市场竞争性，是追求核心竞争力、在市场上优胜劣汰的实体。

4. **社会性**

这是非营利组织区别于其他类型组织的本质特征，集中表现在三个方面：一是资源的社会性，即组织得以存续和运作发展的资源主要来自社会，主要形式是捐赠或会费，以及志愿服务等；二是产出的社会性，即组织提供的产品或服务具有较强的利他或公益导向，其受益对象是不特定的多数社会成员，或是社会上的弱势群体②；三是问责的社会性，即这类组织在运作管理过程中要受到来自社会及公共部门的监督。

非营利组织的上述特征恰恰反映了合法性机制的要求。

---

① 在英美信托法中，这被称为“类似原则”，即公益捐赠财产在捐赠目的实现后，在捐赠协议没有明确规定的情况下，转用于其他类似的公益事业。

② 这充分体现了非营利组织的公益性特征。

## 四　非营利组织失灵

### 1. 志愿失灵

尽管非营利组织弥补了市场失灵和政府失灵的缺陷，非营利组织本身也存在缺陷，被赛拉蒙称为“志愿失灵”（voluntary failure）[①]。志愿失灵主要表现在慈善供给不足（philanthropic insufficiency）、家长式作风（philanthropic paternalism）和慈善的业余主义（philanthropic amateurism）上。

慈善供给不足是由于公共物品供给中普遍存在的“搭便车”问题。更多的人倾向于不花成本地享受别人提供给自己的福利，而缺少激励去利他性地为别人提供福利。因此，能够提供的服务少于社会最优的状态。另外，慈善的资金来源也容易受到经济波动的影响。一旦发生经济危机，捐赠者的捐赠能力和意愿都会受到影响。这样就影响了非营利组织的资金来源。

家长式作风是由于非营利组织需要依靠捐赠资源而产生。那些控制着慈善资源的人往往根据自己的偏好，来决定提供什么样的服务，向哪些对象提供服务，而忽略了社区需求，由此往往导致提供较多富人喜爱的服务，而穷人真正需要的服务却供给不足。

慈善的业余主义是因为非营利组织常常由于资金的限制，难以提供较高的福利待遇，也就难以招聘到具有较高专业水平和能力的人才，造成服务能力的不足或低下，影响了服务质量。

此外，常常被人忽视的一个志愿失灵或可称为“慈善悲剧”的现

① 关于“志愿失灵”，详见田凯《国外非营利组织理论述评》，《学会》2004 年第 10 期。

象是，长期接受慈善救助可能致使部分受助者产生“依赖症”，丧失了自立自强（更不要说回馈社会）的愿望和能力，有可能使受助对象陷入更加窘迫的境地，不利于社会问题的解决。所以，尤努斯认为，即使设计很好的慈善项目也会不可避免地夺走受惠人自强的精神和能力，导致穷人对慈善产生依赖而不能自立。[①]

2. **内部人控制**

由于产权公益性、非营利性、非政府性、社会性和公益治理机构的特征，非营利组织常被称为“无主企业”。在所有者明确的股份制企业中，由于经营者直接生产、掌握和控制着企业的所有经营信息，股东和董事会成员都需要依靠管理层提供这些信息，如果这些信息由于经营者的主观原因而没有反映企业真实的经营状况，股东和董事会就无法做出正确的判断，也无法据此保护自身的利益。这就出现了所谓的“内部人控制”或“委托－代理”问题的困境。在无主企业的情况下，同样也存在内部人控制问题。社会公众、政府和理事会一般也要依赖管理者提供的信息来做判断和决策。政府人员一般缺乏非营利组织业务方面的专业知识，而且不可能进行日常监督；受益人是众多的不特定对象，他们行使监督的协调成本太高以至于不可能；由于不能收回捐赠财产，不能享受组织经营的剩余或其他利益，对于捐赠人来说，监督也是成本高昂的，而且捐赠人在向一个公益事业或非营利组织捐赠之后往往会转向另外一个新颖的、可能有社会影响的公益项目，对原来的捐赠过的项目没有足够的动力和能力进行监管；理事会其他成员会因为没有切身利益

---

① Muhammad Yunus, *Building Social Business—The New Kind of Capitalism that Serves Humanity's Most Pressing Needs*, Public Affairs, New York, 2010, p. 6.

而疏于或怠于监督问责。[①] 这样，就存在内部人抛开公共利益，根据自身利益使用公益财产的道德风险。

志愿失灵不仅仅表现在上述方面，也集中表现在“内部人控制”所引发的各种问题上。由于“内部人控制”情形的存在，用中国俗语讲就是“县官不如现管”，非营利组织的管理者和员工对于组织的决策者和监管者具有绝对优势，掌握组织的具体操作，生产和传送内部信息，即管理者与监管者之间存在信息不对称，管理者可以利用这种优势为提高自己的福利而使用组织的资源，比如设计较高的工资、福利待遇，等等。当个人利益与公共利益出现冲突时，组织资源的使用常常向个人利益倾斜，从而损害公共利益。而这种损害常常是比较隐蔽的，短时间内难以显现。此外，因为缺乏尽职的执行和监督，非营利组织提供的服务质量常常是不稳定的。

所以，非营利组织中存在的“志愿失灵”影响了非营利组织服务其对象和实现社会公益目标的能力，也可称之为“非营利组织失灵”。

## 第二节　社会企业——非营利组织失灵的对治

### 一　非营利组织的赢利活动

非营利组织失灵的原因主要集中在“钱”和“人”上，而“钱”包括组织的钱和个人的钱。所谓组织的钱，对于非营利组织来说，因

① Paul Milgrom and John Roberts, *Economics*, *Organization and Management*, Prentice Hall, 1992, pp. 524 - 525.

为不存在分红问题，所以主要是组织运行和开展事业的经费是否充足，这更多关系到捐赠者能否提供足够的资金；而个人的钱，则是组织内部员工的收入和待遇是否能够满足其生活需要，包括生存和不断改善生活，以至于过上社会正常的体面生活的需要。而在“人”方面，包括物质和精神两个方面，物质上即上述的“个人的钱”的问题，而精神方面则是员工和其他利益相关者在个人能力和素质提升、对社会作出贡献的愿望等方面的满足程度，同时还包括捐赠人的捐赠意愿能否得到满足。

非营利组织失灵说明非营利组织存在无效率问题，根据效率机制的要求，必须能够弥补这种不足，才能使非营利组织生存下去。解决资金来源与员工队伍稳定和能力的问题往往成为非营利组织健康发展的关键。而稳定、足够的收入成为解决各种问题的关键环节。

从资金来源看，许多非营利组织依靠财产捐赠、志愿服务，有些依靠自营收入①，也有的兼而有之，只是侧重不同。根据我国《民间非营利组织会计制度》，非营利组织的收入包括捐赠收入、会费收入、提供服务收入、政府补助收入、投资收益、商品销售收入等主要业务活动收入和其他收入。一般情况下，非营利组织都是依靠财产捐赠和志愿服务而建立的，而且至少在组织运行的初期仍然主要依靠捐赠收入，随着组织的发展，因为行业和组织运作方式的不同，有些组织可以或需要以企业的方式经营，产生收入，可以部分

① 尽管非营利组织具有非营利性特征，但是，这并不意味着非营利组织没有赢利的经营性活动，只是这些经营活动的赢利受到“非分配约束”，只能用于组织的生存和发展，实现组织的目标。

以至于全部覆盖组织的运行成本，这时非营利组织就可以完全依靠自身的经营收入而生存和发展了，即达到了财务上自负盈亏、可持续发展的程度。例如，美国非营利部门在 1997 年的收入中，有 37.5% 来自会费、服务费和其他经营性收入（服务类非营利组织的这种收入比例超过一半），19.9% 来自捐赠，31.3% 来自政府补贴，11.4% 来自净投资收益。[①] 可见，美国非营利组织的主要收入来自收费和自营收入。

由于非营利组织发展阶段或创造收入的可能性的不同，他们对捐助资金的依赖程度也不同，据此，可以将非营利组织分为三种类型或三个阶段：完全依靠资助型、完全依靠经营收入型[②]、既依靠资助又依靠经营收入型（见图 4-1）。完全依靠经营收入是一种理想状态，但这不是说非营利组织不能或不该继续得到捐助。实际上，许多非营利组织在此阶段依然寻求而且能够获得捐助，捐助的目的一般是加强组织的能力建设、扩大服务范围或增加服务产品种类。

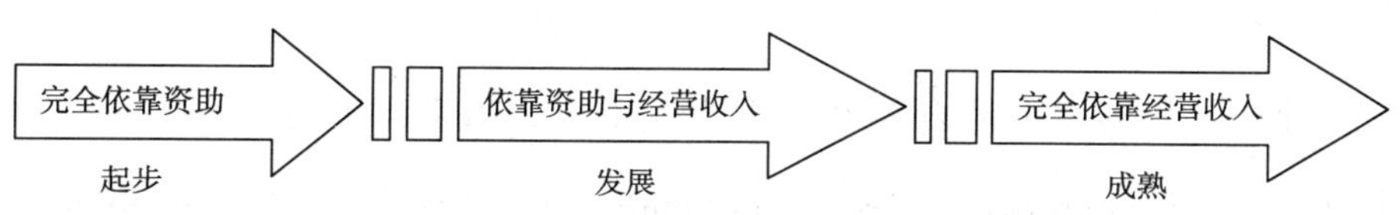


**图 4-1 非营利组织的发展阶段**

如果非营利组织的营利活动超过一定限度后，变为赢利机器，那么，不管非营利组织表面上是否失去非营利组织的特征，以法律和社会

① James J. Fishman, Stephen Schwarz, *Nonprofit Organizations*, Foundation Press, 2006, p. 18.

② “完全依靠经营收入”是指自营收入完全可以支持组织长久平稳运行，但并不排斥捐赠收入。

期望来衡量，都可能偏离或失去了其公益事业的目标，这样的组织还应该得到捐赠吗？这样的非营利组织就面临着合法性危机，其结果可能就是组织生命的结束或者重组。

如何协调公益目的与个人生存需要、组织生存需要的目标之间的矛盾？作为折中或者可称为智慧的选择就是社会企业。

## 二 社会企业的定义

所谓社会企业，全世界至今没有一个统一的或普遍接受的定义。哲学家、政治学家、经济学家、社会学家、管理学家都会从各自的专业和偏好出发给社会企业一个定义。很多人只把社会企业与开始转向营利或开展创收活动的非营利组织相联系，有人用社会企业家来描述创建非营利组织的人，有人认为社会企业家是指将社会责任融入企业经营的企业所有者。[①] 在 2006 年，关于社会企业或公益创业的定义估计至少有 20 种，对于社会企业的研究可以说仍然处于婴儿阶段[②]。

社会企业的称谓来自英文，因为侧重点、出发点和目的不同，英文中有"social enterprise""social entrepreneur""social entrepreneurship""social business"等不同称谓。这些词语的区别在于：

- social enterprise：关注 enterprise（企业）这一组织。
- social entrepreneur：强调的是建立或运营组织中的 entrepreneur

---

① J. Gregory Dees, 2001, "The Meaning of 'Social Entrepreneurship'", http://www.caseatduke.org/documents/dees_ sedef.pdf, 2011-08-09.

② Paul C. Light, *The Search for Social Entrepreneurship*, Brookings Institute Press, Washington D.C., 2008, p. 12.

（企业家）这个人。

- social entrepreneurship：突出的是 entrepreneurship（运用企业家才能，承担风险，进行创业）这一创业活动状态[①]。
- social business：强调以 social（社会）为目标的 business（经营活动）。

综合英文的不同称谓，可以发现，这些词汇试图回答这样一些问题：谁、怎样、为什么、做什么。

英国的社会企业联盟（The social enterprise Coalition）将社会企业（social enterprise）定义为：一种为了社会目标而在市场中进行商业活动的组织。[②]

---

① 《经济社会体制比较》在 2006 年第 2 期上发表了美国杜克大学公共政策学院（Sanford School of Public Policy）胡馨的文章《什么是“Social Entrepreneurship”（公益创业）》，她将“social entrepreneurship”翻译为“公益创业”。有学者不同意这种译法，认为“entrepreneurship”应译为“企业家精神”，相应的，“social entrepreneurship”应该是“社会企业家精神”。参见丁开杰《从第三部门到社会企业：中国的实践》，中央编译局、英国文化协会、DEMOS《透视社会企业：中国与英国的实践》，2007，第 63 页，http://www.britishcouncil.org.cn。在英文中，“entrepreneur”含有“承担一定的风险、运用创造性的才能，从事一项开创性事业”的意思，“-ship”作为一个词缀，表示“状态、关系”之意，“entrepreneurship”有“冒一定风险从事一项开创性事业”的意思。美国纽约大学的 Paul C. Light 教授认为，“social entrepreneurship”包含 4 项含义：其一，entrepreneur，即企业家、创业者，开创或领导社会企业这项事业的人；其二，idea，即从事这项事业的目的，解决社会问题；其三，opportunity，即存在需要且通过努力和整合各种资源能够解决的社会问题；其四，organization，即企业家要通过一个组织或若干组织合作来解决社会问题。参见 Paul C. Light，*The Search for Social Entrepreneurship*，Brookings Institute Press，Washington D. C.，2008，pp. 7 - 10。所以，将“social entrepreneur”仅仅译为“社会企业家精神”没有反映出原意的诸多含义，“公益创业”的译法还是更贴近英文原意。

② Jamie Bartlett，Molly Webb，“Values to Venture：Social Enterprise in the UK”，British Council，DEMOS and China Center for Comparative Politics and Economics，*Social Enterprises Overview：A UK and China Perspective*，http://www.britishcouncil.org.cn，2007.

被誉为“社会企业教育之父”的美国杜克大学的 J. Gregory Dees 教授是这样定义社会企业的：社会企业家（social entrepreneur）在社会领域内发挥了推动变革的作用，这种作用表现在以下方面。[①]

- 将创造和维护社会价值（不仅仅是私人利益）作为一项使命。
- 识别并执着地寻求服务于这一使命的机会。
- 投身于不断创新、调整和学习的过程。
- 勇敢地行动，不为现有条件所束缚。
- 对所服务的对象和创造的成果展现出高度的责任心。

美国纽约大学的 Paul C. Light 教授认为，社会企业（他使用的是 social entrepreneurship，即公益创业）是“一个人、一组人、一个网络、一个组织或者一个组织联合体，通过打破政府、非营利组织和商业机构在解决重大社会问题方面的既有思维模式，寻求持续的、大规模的社会变化的努力”，或简言之，是“通过改变思维模式解决社会难题的努力”[②]。

英国为社会企业专门设有管理机构：第三部门办公室（Third Sector Office)。第三部门办公室将社会企业（social enterprise）定义为：“是一个将社会目标作为首要目标，并且为了实现这一目标将盈余主要再投资于经营活动或社区，而不是为股东和所有者的利润最大化所驱动的企业”[③]。从在这一定义可以看出，在社会目标之外，英国政府不禁止社

---

① J. Gregory Dees, “The Meaning of ‘Social Entrepreneurship’”, http://www.caseatduke.org/documents/dees_sedef.pdf, 2011-08-09.

② Paul C. Light, *The Search for Social Entrepreneurship*, Brookings Institute Press, Washington D. C., 2008, p. 12.

③ Office of the Third Sector, Cabinet Office, U. K.: *Social Enterprise Action Plan: Scaling New Heights*, 2006, p. 9.

会企业还可以有其他次要目标，而且不禁止社会企业将盈余用于其他方面，只要不影响盈余主要用于社会目标。

珍·魏-斯基勒恩（Jane Wei-Skillern）等人（2007）认为，社会企业家精神（social entrepreneurship）是指发生在非营利机构、商业部门或政府部门之内或之间的创新、创造社会价值的活动。[①] 这个定义以企业家精神为基础，包括相对狭义和广义的内涵。狭义上，社会企业家精神是指在社会部门中运用商业专业知识和营销技能，比如非营利组织经营创造收入的企业；广义上，社会企业家精神是指私营部门或非营利部门或介于二者之间的混合结构组织（既包括营利部门也包括非营利部门），为达成一项社会目标而开展的创新活动。这两种含义共同体现出一个事实，就是社会企业家精神的潜在动力是创造社会价值，而不仅仅是为个人和股东创造财富。

著名的小额信贷先驱者穆罕默德·尤努斯教授将社会企业称为“social business”，并坚称这个概念不同于“social entrepreneurship”和“social entrepreneur”。他认为，社会企业（即 social business）在追求利润的领域之外，它的目标是通过商业手段解决社会问题，包括创造和销售产品和服务，社会企业与非营利组织不同，有投资者和所有者。尤努斯教授将社会企业分为两类：第一类不能分红，但是投资者可以将投资收回；第二类是由穷人拥有的营利企业，如孟加拉乡村银行，可以向这些穷人股东分红，这样做是在消除贫困，帮助解决社会问题。[②] 这第二

① 从这一定义也可以看出，“social entrepreneurship”被译为“公益创业”可能更合适。

② 这样的定义意味着企业的投资人或所有者必须是一个利他主义者。参见 Muhammad Yunus, *Building Social Business—The New Kind of Capitalism that Serves Humanity's Most Pressing Needs*, Public Affairs, New York, 2010, pp. 1-2。

类社会企业就是以解决社会问题为目标而存在的。[①]

我国香港民政事务总署这样定义社会企业：一般而言，社会企业是一桩生意，以达致某种社会目的。例如，提供社会所需的服务（如长者支援服务）或产品、为弱势社群创造就业和培训机会、保护环境、利用本身赚取的利润资助其辖下的社会服务等。社企所得利润主要用作再投资于本身业务，以达到既定的社会目的，而非分派给股东。[②]

我国台湾学者认为，社会企业是指由非营利组织致力于创造或增加社会价值，在其使命驱动下，将部分具备有市场性的服务，导入商业运作模式，借此创造出有别于过去传统来自于企业赞助、社会大众捐款、政府补助的资源。[③]

从以上可以看到，社会企业是近年逐渐流行起来的一个新名词，至今没有严格、统一的定义。但是，可以这样简而言之，社会企业是指以社会进步、解决社会问题为目标，采用市场化行为运作的组织。

---

① 尤努斯的观点与马克思极为相似。马克思认为，私人资本建立的私人企业或由私人资本联合建立的股份公司都是资本所有权与劳动相分离的，体现了资本对劳动者的剥削关系，而在工人集体合办的合作工厂中资本和劳动之间对立不再存在。尤努斯的第二类社会企业就像马克思的合作工厂一样，没有了剥削。尤努斯的第一类社会企业，用马克思的语言描述，就是投资者或所有者没有把个人的投资当做赚取利润的资本，因而不存在剥削关系。换句话说，如果社会企业的投资者或所有者从社会企业赚取了任何利润，不管多少，都是将投资当作了资本，产生了赚取剩余价值的剥削关系。由此可以看到尤努斯与马克思的在价值判断上的一致性。参见中共中央党校教务处编《马列著作选编》，中共中央党校出版社，2002，第216~226页。

② 参见中国香港特别行政区网站，http：//www. social - enterprises. gov. hk/tc/introduction/whatis. html。

③ 高永兴：《青年与社会企业家》，社会企业全球资讯网，http：//se. npo. org. tw/index. asp，2010年12月11日。

这样的组织可以将经营的利润用于组织的可持续发展，长期服务于社会目标的实现，也就是将社会目标与经济目标有效结合在一起。这样的组织既包括以解决社会问题为目标的营利企业，也包括采用市场化运作手段的非营利组织。NGO 小额信贷组织是公认的典型的社会企业。

## 三　社会企业的组织形式

难以对社会企业严格定义的重要原因是其组织形式也是多种多样。在美国，社会企业可以采用非营利组织形式，因为美国政府允许非营利组织从事商业活动；而在禁止或限制非营利组织从事商业活动的国家，社会企业的组织形式就不能采用非营利组织形式，而只能采用非营利组织之外的其他形式，如在瑞典、西班牙等国家只能采用合作社或公司等形式；芬兰的社会企业所能采用的组织形式没有特殊限制，从商业公司形式、合作社、非营利社团到合伙，无所不包；意大利也允许现存的任何组织形式诸如公司、非营利社团、基金会、合作社都可以成为社会企业；英国新近出现的社会公益公司是典型的社会企业。[①] 在英国，以下各类组织形式也可能被界定为社会企业。[②]

- 社区企业（Community business）。
- 工人合作社（Worker co－operatives）。
- 消费者/零售合作社（Consumer/retail co－operatives）。

---

① 金锦萍：《社会企业的兴起及其法律规制》，《经济社会体制比较》2009 年第 4 期。

② Jamie Bartlett，Molly Webb，"Values to Venture：Social Enterprise in the UK"，British Council，DEMOS and China Center for Comparative Politics and Economics，*Social Enterprises Overview：A UK and China Perspective*，www. britishcouncil. org. cn，2007.

- 住房合作社（Housing co - operatives）。
- 农业合作社（Agricultural co - operatives）。
- 员工所有企业（Employee - owned business）。
- 发展信托基金（Development trusts）。
- 社区基金会（Community foundations）。
- 社会公司（Social firms）。
- 中间劳动市场项目（Intermediate labour market projects）。
- 信贷联盟（Credit unions）。
- 社区贷款基金（Community loan funds）。
- 友好社团（Friendly societies）。
- 互助保险企业（Mutual insurers）。
- 建房互助协会（Building societies）。
- 慈善机构（Charitable trading arms）。

至于我国的社会企业的组织形式，有学者认为由来已久、最典型的是社会福利企业和民办非企业单位；[①] 有学者认为包括民间组织（包括非政府组织和非营利组织）、合作社、社会福利企业、社区服务中心。[②] 在我国，根据《民间非营利组织会计制度》规定，民间非营利组织包括社会团体、基金会、民办非企业单位和寺院、宫观、清真寺、教堂等，但是各国都将政治组织和宗教组织排除在社会企业之外，本书对社会企业的讨论，也不包括宗教组织。此外，我国的非营利组织还包括事业单位，各地方社区服务中心的法律地位是不统一、不明确的，有的地

① 金锦萍：《社会企业的兴起及其法律规制》，《经济社会体制比较》2009 年第 4 期。

② 丁开杰：《从第三部门到社会企业：中国的实践》，中央编译局、英国文化协会、DEMOS《透视社会企业：中国与英国的实践》，www. britishcouncil. org. cn，2007。

方是基层政府的办事机构，不具有独立的法律地位[①]，有的是事业单位[②]。

所以，笔者认为，我国的社会企业的组织形式至少涵盖社会福利企业、民办非企业单位、社团、基金会、事业单位。可见，社会企业既包括从事商业活动维持和扩大公益事业的非营利组织，也包括以解决社会问题为己任的营利组织。但是，尤努斯教授认为，慈善基金会不是社会企业，因为它在财务上不能自立，不能通过经营活动创收，而且不像社会企业那样有所有者，但是，慈善基金会可以创立社会企业。[③]

## 四　社会企业的本质特征

从社会企业的定义出发，尤努斯教授主张社会企业分为两类。第一类是由投资者所有、致力于解决社会问题、没有损失、也不分红的企业。这类企业的利润全部用于扩大生意规模和提高经营能力，投资者和所有者最多只能收回投资本金，而且对因通货膨胀而产生的本金减值也不能补偿。第二类是由穷人所有的、直接或通过信托而间接致力于一项事先确定的社会事业的营利企业。这类企业的利润被分配给穷人，以帮助他们减贫。这种做法是在解决社会问题。例如，孟加拉乡村银行就是第二类社会企业，由穷人拥有，这些穷人是乡村银行的储户或者客户。[④] 德国人 Hans Reitz 将尤努斯教授的第一类社会企业概括出七个关

---

① 参见《厦门市社区医疗服务中心管理办法（试行）》，2008。

② 参见《北京市社区服务中心管理暂行办法》，2002。

③ Muhammad Yunus, *Building Social Business—The New Kind of Capitalism that Serves Humanity's Most Pressing Needs*, Public Affairs, New York, 2010, pp. 4 – 5.

④ Muhammad Yunus, *Building Social Business—The New Kind of Capitalism that Serves Humanity's Most Pressing Needs*, Public Affairs, New York, 2010, pp. 1 – 2.

键性特征。[①]

第一，企业的目标是战胜贫困，或者一个或更多的威胁人类和社会的问题（如教育、健康、获得技术和环境保护），而不是利润最大化。

第二，企业要实现财务和经济上的可持续性。

第三，投资者只能取回其初始投资额，除此之外，不能分红。

第四，当投资返还后，利润要留在企业内，用于扩大规模和提高水平。

第五，企业有环保意识。

第六，劳动者得到市场水平的工资和高于标准水平的工作条件。

第七，愉悦地工作。

这种概括不够精练，没有总结出社会企业一般性的本质特征。从前述的各种社会企业定义来看，不管有多少种定义，以哪种名词进行表述，有多少种组织形式，但万变不离其宗，中文“社会企业”这四个字比较准确地反映了这一概念的实质。所谓企业，是与市场中的其他经济组织一样，提供产品和服务，赚取一定的利润；所谓社会，就是这种组织从事赢利活动的目的是解决社会难题，实现一定社会公益目标。这样，可以看到社会企业两个本质特征：①社会企业的目的是解决社会难题，推动社会和谐、进步；②社会企业以市场化的商业活动作为组织生存、发展和解决社会问题的手段。

但是，困难在于：怎样判断一个组织或企业是否真正以社会利益为目标，怎样判断这个组织或企业的商业化活动是服务于社会目标的手

---

① Muhammad Yunus, *Building Social Business—The New Kind of Capitalism that Serves Humanity's Most Pressing Needs*, Public Affairs, New York, 2010, p. 3.

段，不是为所有者谋利的手段？

英国2005年实施了《社区利益公司规则》（*The Community Interest Company Regulations*），意在为社会企业创设一种组织形式。社区利益公司（Community Interest Company，CIC）可以采取股份有限公司（companies limited by shares）、担保有限公司（companies limited by guarantee）、同业互济会（industrial and provident societies）、非法人团体（unincorporated associations）以及注册的慈善机构（registered charities）的形式。社区利益公司包括两个核心特征：一是资产锁定，即公司的资产是为社区利益而使用；二是公司红利分配限制，即对分配给股东和其他出资者的红利进行限制，以保证红利首先主要用于实现社区利益。[①]

在美国，一些州在有限责任公司法的基础上，专门为社会企业创设了一种新的有限责任公司形式，称为低利有限责任公司（Low - profit Limited Liability Company，L3C），"创收和资产增值不是公司的主要目的"[②]，其宗旨是实现社会目标，而将赢利作为次要目标。L3C是正常的纳税公司，但是其宗旨和法律规定其只能从事低利润的事业，这些事业也一般都是涉及公共利益的事业。L3C的意义在于为愿意向公益事业投资的私人提供投资载体，并且使这样的社会企业可以得到符合美国国税局（Internal Revenue Service）规定的"项目相关投资"（Program Related Investments）的税收优惠，扩大了社会企业的资金来源，推动了公

---

① 参见UK Stationery Office：*The Community Interest Company Regulations*，2005，http：//www.legislation.gov.uk/uksi/2005/1788/contents/made。《社区利益公司规则》颁布以来，平均每个月有100多家CIC成立，截至2011年7月，英国已经约有5400家CIC，参见http：//www.cicassociation.org.uk/about/what - is - a - cic。

② Muhammad Yunus，*Building Social Business—The New Kind of Capitalism that Serves Humanity's Most Pressing Needs*，Public Affairs，New York，2010，p. 128.

益事业的发展。[①]

尤努斯认为，社会企业是“新型的资本主义，是建立在人的无私性基础上的新型企业”[②]。这里的“人”对于一个社会企业来说就是其投资者或者管理者、工作者。社会企业的利润绝对不能分配给投资者或者所有者，除非它的所有者是穷人，这样才能使社会企业致力于解决社会问题，而不会成为赚取个人经济利益的工具。[③]

在我国，社会福利企业本身就是营利性的企业，可以从事其营业范围内的任何商业活动，其利润也可以分配给股东。而其他几类民间非营利组织受到“非分配约束”，只能将盈余再投资于组织从事的公益事业。

通过以上分析可以看到，赢利是否受到“非分配约束”不是社会企业的本质特征，关键在于如何使用赢利。可见，社会企业并不是一种法律意义上的组织形态[④]，而是对各种组织的宗旨与目标及其营利活动进行价值判断的结果。作为一个判断标准，不管采用非营利还是营利组织形式，社会企业至少应该将大部分赢利用于实现社会公益目的。

---

① 截至 2011 年 8 月，美国已经有 10 个州制定了 L3C 法规，共有 432 家 L3C 成立，参见 http：//www. intersectorl3c. com/l3c_ tally. html。

② Muhammad Yunnus, *Building Social Business—The New Kind of Capitalism that Serves Humanity's Most Pressing Needs*, Public Affairs, 2010.

③ Muhammad Yunnus, *Building Social Business—The New Kind of Capitalism that Serves Humanity's Most Pressing Needs*, Public Affairs, 2010, pp. 13 – 16.

④ 其他一些学者持相同的观点，如于晓静就认为，社会企业并不是一类法人结构，而是泛指借助商业手段解决社会问题的一类组织。参见于晓静《英国的社会企业及其治理结构》，王名等编著《英国非营利组织》，社会科学文献出版社，2009，第 208 页。金锦萍认为，社会企业的设立并没有创设出一类独立于营利组织或者非营利组织之外的其他组织。参见金锦萍《社会企业的兴起及其法律规制》，《社会经济体制比较》2009 年第 4 期。

## 五　社会企业的作用

根据社会企业的定义和本质特征，这种社会企业在古代就已经产生。[①]但是，作为一种正在逐渐升温的现代组织现象，可以通过效率机制和合法性机制来分析社会企业的作用或功能。社会企业的作用首先是对非营利组织失灵的纠正，表现在以下几个方面。

第一，慈善供给不足导致非营利组织提供的公共服务和产品的不足，呈现无效率。非营利组织作为社会企业适当的赢利缓解或解决了资金不足的问题，增加了服务和产品的供给，提高了效率。其他类型的社会企业亦复如是。

第二，社会企业一般都置身于社区中，与服务对象休戚与共，了解他们的需求，并能够对这些需求及时作出反应，而且作为社会企业必须能够提供满足这些需求的产品和服务才能收回部分或全部投资，或产生盈余。这样，社会企业就可以克服家长式作风的问题。

第三，慈善业余主义是非营利组织普遍存在的弊端，与慈善供给不足密切相关。非营利组织一般都是捐赠人主导建立的，但是捐赠人一般又不在非营利组织中工作，其工作人员一般都是招聘员工和志愿者。志愿者一般都是短期的，而且是为了奉献爱心或体验生活，而没有将这项工作当成职业或个人收入的来源。而员工则不同，尽管他们可能也都保有一颗奉献的爱心，但是在一般情况下，这项工作毕竟是他们个人和家

---

① 有学者认为社会企业可以溯源到合作社的源头“罗虚代尔先锋社”（Rochdale Pioneers），参见 John Elkington，Sophia Tickell，“Scalable Solutions：The Role of Social Entrepreneurship in Solving Sustainability Challenges”，http：//tidescanada. org/wp - content/uploads/files/causeway/Scalable_ Solutions. pdf，2011。

庭生活的收入来源，是他们生存的依靠。在这种情况下，较低的待遇导致员工不能安心工作，进而离职，人员频繁流动成为必然结果。

人们往往认为，非营利组织既然自称服务于社会公益，得到公益捐赠，而且还得到了社会赞誉，已经得了“名”，就不应该再得“利”。非营利组织或慈善组织的人员就应该充满奉献精神，是不齿言利的人。这种超现实主义的要求并不是对所有参与公益组织的人员都适合。如果参与公益组织的人身家富有，无须依靠该组织而生活，参加公益组织是以捐赠人的身份或者完全是为了实现个人的美好愿望的志愿服务，那么，这样的要求一般应该不会减损参与者个人期待的利益。但是，对于大多数普通的公益组织工作人员来说，这份工作是他们的职业，是他们个人和家庭生活收入的主要来源，他们是凡人，也有七情六欲，也有老年或未成年的亲人需要供养，也需要随着社会的发展不断改善生活状况。如果以增加社会利益为名而剥夺或损害了这些工作人员的福利，不但不能达到社会福利的帕累托最优状态，对做出牺牲者来说也是不公平的、非正义的。[①]“一种牺牲如果没有增进或不会增进幸福的总量，那么就是浪费。”[②] 现实经验已经表明，不满足具体工作人员的需求[③]，社会公益需求也难以有效满足，从而减损了整个社会的福利状况。所以，提高员工待遇是非

---

① 〔美〕约翰·罗尔斯：《正义论》，何怀宏等译，中国社会科学出版社，1988，第20～25页。

② 〔英〕约翰·穆勒：《功利主义》，徐大建译，上海世纪出版集团、上海人民出版社，2008，第17页。

③ 需要注意的是，非营利组织的捐赠人和创建人与工作人员的需求是不同的。按照马斯洛的需求层次理论，非营利组织创建人与捐赠人是以高层次的自我实现需求为主，而普通工作人员由于经济条件和利他意识方面的原因，一般还没有摆脱以较低层次需求为主的状态。所以，这两类非营利组织参与者的目的和行为动力是不同的。

营利组织提供服务能力和效果所必须解决的问题。

社会企业可以通过盈余提高员工待遇，使现有员工可以安心工作，提高技能，也可招聘到有技术专长的高素质员工。这样的结果将会提高社会企业的产品和服务质量，增进社会利益。

第四，社会企业奉行的按照市场化原则提供产品和服务的做法，使得其服务对象需要按照市场价格来购买产品或服务，是公平交易，而不是单向的慈善救助，使他们成为参与市场的平等交易主体，提高他们的自尊心和自立自强的能力，从而增强这些弱势群体的经济发展能力，为解决社会问题提供长效的解决之道，“在这些模式中，福利不再被看成一笔钱或者一揽子权益，它们大多都包含了一种哲学，即自我约束和自信和社会福利不可分割。这些模式强调了创造性个人主义的伦理，这与传统福利国家制度中被动的、单向接受性的文化截然不同”①。从而避免“同情心的悲剧”②。

第五，非营利组织内部人控制现象的主要原因在于“无主企业”，其理事会的监督控制能力远远不及所有者明确的营利组织的董事会。解决这个问题的一个重要出路在于改善治理结构，将“无主”变为“有主”。采用营利组织形式的社会企业一般都有明确的所有者，具有去除“无主”弊端的条件。

社会企业增加了社会服务的供给量，也提高了质量，同时也提高了

---

① 〔英〕查尔斯·里德比特：《社会企业家的崛起》，环球协力社编译，2006，第24页，参见 http://www.glinet.eu/DEMOSspBooklet.pdf。

② 美国的社会达尔文主义者认为，漠视和盲目救济穷人都是不足取的，要改变贫困状况，穷人需要有决心、意志和毅力去拼搏，开辟自己的生存之路。但是，慈善却侵蚀了他们的这些宝贵的品质。参见〔美〕Marvin Olasky, *The Tragedy of American's Compassion*, Regnery Publishing Inc., 1992。

社会企业工作人员生活状况和幸福感。这样，服务者和被服务者的福利状况都有所改进，提高了效率。同时，社会企业也日益为社会期待所接受，越来越多的国家制定专门的法律和政策来推动和规范社会企业的发展，说明社会企业的合法性已得到承认和加强。社会企业也为其他利益相关者所接受，许多社会企业仍然继续得到公益捐赠。

所以，社会企业更加符合人性，更加符合现实运行环境，能够扩大参与解决社会问题的人群和组织群体，并提高这种公益事业的可持续能力，增进社会各方和整体利益。社会企业兼顾了个人利益和社会利益、自利与利他，在个人利益和社会利益之间架起了一道桥梁，起到了纠正非营利组织失灵的作用。

传统经济学的一个基本假设是所谓的“经济人”理性，即人都是追逐个人利益最大化，而且常常将利益归结为以金钱标示的财富的多少。但是，这并不是人性的全部。现实中，人的价值取向是多维的，幸福来源是多样的，而不仅仅是赚钱。正如穆罕默德·尤努斯所言，人不仅有精于算计个人利益的自私的一面，还有关心他人和社会的利他的一面，“人是自私的动物，但也是无私的动物”，“经济人”的假设否认了人在“政治、社会、情感、精神和环境等方面”所能获得的满足，所以，传统经济理论的假设是不全面的，建立在人的自私理性基础上的企业是以利润最大化为导向的，而从人的利他主义出发建立起的企业是以社会利益最大化为导向的。[①]

其实，正如中国传统“人天理论”所认为的那样，任何事物都是由阴

---

① Muhammad Yunnus, *Building Social Business—The New Kind of Capitalism that Serves Humanity's Most Pressing Needs*, Public Affairs, 2010.

阳两方面组成，人也是这样，有自私的一面，也有无私的一面。在人的社会实践中，人性的这两方面都能得到充分的展现。从这样的基本认识出发，一个经济组织的经营目的也会是多维的，可能纯粹为了个人利益，也可能纯粹为了公共利益，也可能在二者之间过渡，那么，出现自利利他的企业也就没有什么值得大惊小怪的了。这也正是人的自由意志的体现。

## 六　社会企业与企业社会责任

与社会企业容易混淆的另一个概念是企业社会责任（Corporate Social Responsibility，CSR）。企业社会责任是指企业在创造利润、对股东承担法律责任的同时，还要承担对员工、消费者、社区和环境的责任。企业社会责任经常表现为一个营利企业成立一个基金会在企业所在社区开展慈善或其他公益性活动，如捐资助学等。企业社会责任常常是企业经营发展战略的一部分，目的在于树立企业社会形象，做一个好的“企业公民”[①]。

与承担社会责任的企业不同，“社会企业将自己锁定的社会目标作为企业运作的根本出发点和落脚点，社会使命被完全嵌入企业的结构、治理和文化中，而企业社会责任只是将履行一定的社会责任作为获取经济利益的附带责任，提高其竞争力，从长远看使其获得可持续发展的最佳收益”[②]。所以，承担企业社会责任只是企业的经营策略而不是经营目标；而社会企业为社会目标而产生、存在和发展。

---

① Muhammad Yunnus, *Building Social Business—The New Kind of Capitalism that Serves Humanity's Most Pressing Needs*, Public Affairs, 2010, pp. 9 - 12.

② 于晓静：《英国的社会企业及其治理结构》，王名等编著《英国非营利组织》，社会科学文献出版社，2009，第 202 ~ 205 页。

# 第五章　公益性小额信贷机构的转制

## 第一节　小额信贷的定义与分类

### 一　小额信贷定义

在我国，不同机构和人士对于小额信贷的定义不尽相同。中国人民银行在2006年的《小额贷款公司指导手册》中借用了国际上比较通用的定义，即小额信贷是向低收入群体和微型企业提供的额度较小的信贷服务，等同于英文的microcredit，一般只包括信贷业务，不包括储蓄、保险、支付等金融服务，是微型金融（microfinance）的一个组成部分。[①] 中国银行业监督管理委员会（以下简称银监会）也对农村小额贷款给出了定义，即向农户、农村工商户以及农村小企业提供的额度较小的贷款。[②] 致力于扶贫和社会发展的小额信贷推动者认为，小额信贷是专向中低收入阶层提供的小额度的持续的信贷服务活动。各种模式的小

① 中国人民银行：《小额贷款公司指导手册》，中国金融出版社，2006，第33～37页。

② 《中国银监会关于银行业金融机构大力发展农村小额贷款业务的指导意见》，2007年8月6日。

额信贷均应包括两层基本含义：一是为大量低收入（包括贫困）人口提供金融服务；二是保证小额信贷机构自身的生存与发展。①

国际上对于小额信贷的确切定义也没有完全一致的看法，但是世界银行扶贫协商小组（CGAP）的定义得到的认可度比较高。这个定义是，小额信贷（Microfinance）是指向收入较低的人士，特别是穷人和非常穷的人提供的银行服务。小额信贷的客户不仅仅是那些为其企业寻找资金的微型企业主，还包括为了应对紧急需要、添置家庭资产、改善住房状况、平滑消费等方面情况的穷人。这些服务超出了小额贷款的范围，还包括了储蓄和转账服务。②

从以上定义可以看出，除了部分正规金融机构提供的小额信贷服务，目前我国的小额信贷总体上还只是小额贷款，不包括其他金融服务，如储蓄、保险、支付等。③ 本书讨论的小额信贷是指向贫困和中低收入人口以及微小企业提供的小额度贷款。

## 二 中国小额信贷的一般分类

根据信贷服务目标和提供者的不同，可以将我国众多的小额信贷方式分为以下三类。

---

① 杜晓山：《中国农村小额信贷的实践尝试》，杜晓山等主编《中国小额信贷十年》，社会科学文献出版社，2005，第5页。

② Robert Peck Christen, Timothy R. Lyman, Richard Rosenberg, *Microfinance Consensus Guidelines: Guildlines of Regulation and Supervision of Microfinance*, The Consultative Group to Assist the Poor (CGAP), The World Bank Group, 2003.

③ 我国个别的非政府组织小额信贷机构开始了小额保险的试验，如内蒙古赤峰市昭乌达妇女可持续发展协会等。

**1. 公益性小额信贷**

所谓公益性小额信贷，其目的是扶贫，不以赢利为目的，即经营利润不用于分红，而是重新投入业务当中，扩大经营的资金规模，目的是满足那些得不到传统的银行信贷服务的不特定的弱势人群的融资需要，帮助他们发展生产，改善生活状况，推动社会发展。这种小额信贷一般是由非政府/非营利组织或者政府部门从事的。二者的区别是，前者在强调扶贫的同时，力求自身的可持续发展，以期长期推动社会发展；后者一般并不特别强调小额信贷机构的可持续发展。

小额信贷是作为扶贫工具而产生的。由于近年来我国贫困状况大幅度改善，绝对贫困现象基本消除，小额信贷的主要目标不只是扶助贫困人口，同时将那些得不到正规金融服务的弱势人群都纳入服务范围，目的是促使社会低收入阶层也能享受到相应的金融服务，促进社会和谐发展。所以，致力于扶贫的小额信贷开始被称为公益性小额信贷，体现了时代的变化。非政府组织的小额信贷是公益性小额信贷的重要和主要组成部分。

**2. 互助性小额信贷**

互助性小额信贷是指国内通常称为的社区基金或社区互助资金，即由社区内成员共同出资建立的、为成员提供融通资金服务的互助组织。互助资金常常有外部资金的支持，如国际组织或政府的配套资金。在20世纪90年代，我国就有国际发展组织支持建立的社区发展基金，如贵州草海的村寨基金，安徽霍山和云南禄劝的社区基金。

互助性小额信贷也具有一定的公益性，但是与上述公益性小额信贷相比，它具有明显的互助和互益目的，具体表现在：参与互助的成员必须是本社区（一般是一个行政村或者村民组）成员，成员自愿参加；向互助组织入股，贷款资金由股金和外部支持的资金构成，互助组织以合作社形式民主管理；贷款范围仅限于互助组织成员，所以，服务对象具有一定范围的确定性等。

**3. 商业性小额信贷**

商业性小额信贷是指由正规的商业金融机构提供的小额贷款服务。这些小额信贷本着商业化可持续原则，将小额信贷作为服务低端客户市场的金融产品，其直接目的是赚取利润，将营业利润向股东分配。提供商业性小额信贷的机构包括农村信用合作社、农村商业银行、农村合作银行、村镇银行、贷款公司、城市商业银行、邮政储蓄银行等。尽管农村信用合作社和农村合作银行名义上是合作金融机构，实际上已经是商业银行性质的金融机构，故将其列入商业性小额信贷。此外，小额贷款公司的资金为私人投资，完全采用商业化可持续的原则运作，也属于商业性小额信贷。

根据银监会和中国人民银行的规定，村镇银行、贷款公司和小额贷款公司是农村地区专门提供小额度贷款服务的机构。

## 三　公益性小额信贷组织形式分类

根据公益性小额信贷不以赢利为目的的特点来判断，其组织形式应该是非营利组织，但实际情况要复杂得多。

**1. 我国非营利组织形式种类**

根据非营利组织的一般特征，王名（2008）将我国非营利组织分为八个类别[①]：社会团体、基金会、民办非企业单位、商会、社区基层

---

① 王名：《中国民间组织 30 年——走向公民社会（1978～2008）》，社会科学文献出版社，2008，第 6～7 页。

组织、农村专业协会、工商注册非营利组织、境外在华 NGO。

在我国，一种比较独特的组织形式是事业单位。在计划经济下事业单位是社会公共事业的主要组织载体。根据《事业单位登记管理暂行条例》规定，事业单位是指“国家为了社会公益目的，由国家机关举办或者其他组织利用国有资产举办的，从事教育、科技、文化、卫生等活动的社会服务组织”。在市场经济条件下，事业单位的改革大致有三个方向：对主要承担行政职能的事业单位，将按行政机构模式运行和管理，纳入公法人体系；对具有市场赢利能力的生产经营类事业单位，将转制为企业，成为营利法人；对于既不营利也不承担行政职能，但提供社会服务的事业单位，将纳入非营利法人管理。[①] 这样，非营利地提供社会服务的事业单位应该也是非营利组织。

在我国，介于政府和社会之间的人民团体，如妇联、工会和共青团，在其履行党和政府赋予的职能时，它们更接近于党政组织，可称为准政府组织；在其开展社会公益服务活动时，它们的行为常常符合非营利组织的一般特征。所以，广义地讲，部分人民团体有时也可以纳入非营利组织范围。

商会、社区基层组织和农村专业协会或者合作社基本上都是会员制的互益性组织，且农民专业协会或合作社一般都有赢利分红的做法。因此，严格地讲，这三类组织不应归为非营利组织。

所以，如果按照前述的非营利组织的四个一般性特征作为标准，我国的非营利组织形式可以包括七种：人民团体（在开展某些非营利公益性活动时）、事业单位（提供社会公共服务的）、社会团体、基金会、民办非企业单位、工商注册非营利组织、境外在华 NGO（包括以公司

① 金锦萍：《非营利法人治理结构研究》，北京大学出版社，2005，第 28 ~ 29 页。

形式注册，实为 NGO 的组织，如国际计划等[①])。

**2. 公益性小额信贷组织形式分类**

在我国的公益性小额信贷机构中，不仅有上述七类非营利组织形式，还有政府部门的小额信贷项目办公室，项目办隶属于政府的一个部门，不是独立的机构，其具有临时性；其全部人员或主要人员来自政府，专职或者兼职；其运行费用有的全部或部分来自政府行政费用预算，也有的完全以小额信贷运营收入来支出，即小额信贷业务达到了自负盈亏的水平。

我国对非营利组织注册登记的管理较为严格，在负责注册登记的民政部门之外一般都还需要有一个主管部门。一些公益性小额信贷机构由于难以找到合适的主管部门，就到工商局注册为公司，但是仍然做着非营利性的工作。此外，还有本书重点讨论的从非营利组织形式改制而成的公司。

这样，我们可以看到，中国的公益性小额信贷组织形式多种多样，横跨政府、市场和公民社会三个部门。中国小额信贷联盟（CAM）在 2010 年共有成员 90 余家，以公益性小额信贷机构为主，其中有直接操作小额信贷业务的基层机构，有为基层小额信贷机构提供资金的资助机构，有研究、提供技术培训和咨询服务的机构，还有其他推动小额信贷扶贫等社会发展事业的公益组织。CAM 各类成员机构的组织制度基本上代表了中国公益性小额信贷组织制度的基本状况。

从表 5－1 和图 5－1 可以看到，2010 年时 CAM 成员的组织形式可以分为 11 种。其中，社团组织形式最多，有 29 家，占比为 32.22%；政

① 这也是王名所称的广义的民间组织的一部分。狭义的民间组织主要是指根据现行法规在民政部门登记注册的社会团体、基金会和民办非企业单位。参见王名《中国民间组织 30 年——走向公民社会（1978～2008）》，社会科学文献出版社，2008，第 3～5 页。

**表 5-1 中国小额信贷联盟成员组织形式分类（2010 年）**

单位：个，%

| 组织形式 | 1 | 2 | 3 | 4 | 5 | 6 | 7 | 8 | 9 | 10 | 11 | 合计 |
|---|---|---|---|---|---|---|---|---|---|---|---|---|
| | 人民团体（工、青、妇） | 政府项目办 | 基金会 | 社团 | 民办为非企业单位 | 事业单位 | 小贷公司 | 银行[④] | 投资、管理、咨询或信息公司[①] | 资金互助社[②] | 其他[③] | |
| 各类组织成员数量 | 2 | 12 | 2 | 29 | 6 | 5 | 7 | 11 | 8 | 1 | 7 | 90 |
| 各类成员占比 | 2.22 | 13.33 | 2.22 | 32.22 | 6.67 | 5.56 | 7.78 | 12.22 | 8.89 | 1.11 | 7.78 | 100 |
| 公益机构数量 | 2 | 12 | 2 | 29 | 6 | 3 | | | 2 | | 3 | 59 |
| 各类公益机构占比 | 3.39 | 20.34 | 3.39 | 49.15 | 10.17 | 5.08 | | | 3.39 | | 5.08 | 100 |
| 转制机构数量 | | | | | 2 | | 1 | | | | | |

注：①这类组织中有两家虽然注册为工商企业，但是专门为公益性小额信贷机构提供融资服务，不以赢利为目的，可称为非营利公司。

②这类组织以其成员为受益对象，严格地讲，是互益性组织，不是以不特定对象为受益对象的公益性组织。

③这类组织中包括境外在华的 NGO 和在工商注册的非营利的小额信贷投资和资助机构。

④这里包括农村合作金融机构，如农村信用合作社、农村合作银行。

资料来源：中国小额信贷联盟，2010。

府项目办形式也比较多，有 12 家，占 13.33%；其他类型的非营利组织（人民团体、基金会、民办非企业单位和事业单位）共 15 家，占比为 16.67%。

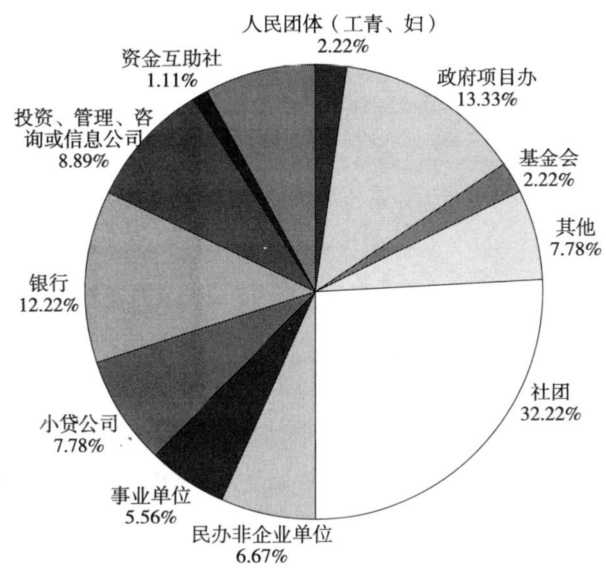


**图 5－1　中国小额信贷联盟成员组织形式构成（2010 年）**

在 CAM 的成员中，公益性小额信贷机构的组织形式包括 8 类：政府项目办、人民团体、社团、民办非企业单位、事业单位、基金会、非营利公司和其他（主要包括海外 NGO 和非营利公司）。共有 59 家，占全部成员的 65.56%，其中最多的前三位组织形式是社团、政府项目办和民办非企业单位，合占公益性小额信贷机构数量的 80%，其中社团约占了一半。

如果再进一步归纳，CAM 的公益性小额信贷成员的组织形式可以归为四大类，即政府项目办、准政府组织（即人民团体）、民间非营利组织、非营利公司。按照这样的分类方法，在 CAM 的成员中，民间非营利组织约占 68%，如表 5－2 和图 5－2 所示。

**表 5－2　中国小额信贷联盟公益性小额信贷成员组织形式构成**

单位：%

| 组织形式 | | 占比 | |
|---|---|---|---|
| 政府 | 项目办 | 20 | 24 |
| 准政府组织 | 人民团体 | 4 | |
| 民间非营利组织 | 社会团体 | 49 | 68 |
| | 民办非企业单位 | 10 | |
| | 事业单位* | 5 | |
| | 基金会 | 4 | |
| 非营利公司 | 投资、管理、咨询或信息公司 | 3 | 3 |
| 其　他 | | 5 | 5 |
| 合　计 | | 100 | 100 |

注：＊在我国目前事业单位改革的进程中，事业单位被划分为三类：具有行政职能的事业单位、从事社会公共服务的事业单位以及经营性的事业单位。事业单位改革的基本思路是将第一类并入政府部门，第二类独立成为非营利机构，很可能等同于民间非营利组织管理，第三类进入市场，转制为营利性组织。根据这样一个趋势，并鉴于小额信贷事业单位是经营性的机构，其可归入民间非营利组织或非营利公司。因为我国事业单位形式的小额信贷机构呈现出与民间非营利组织相同的特征和问题，本书将其划入民间非营利组织。

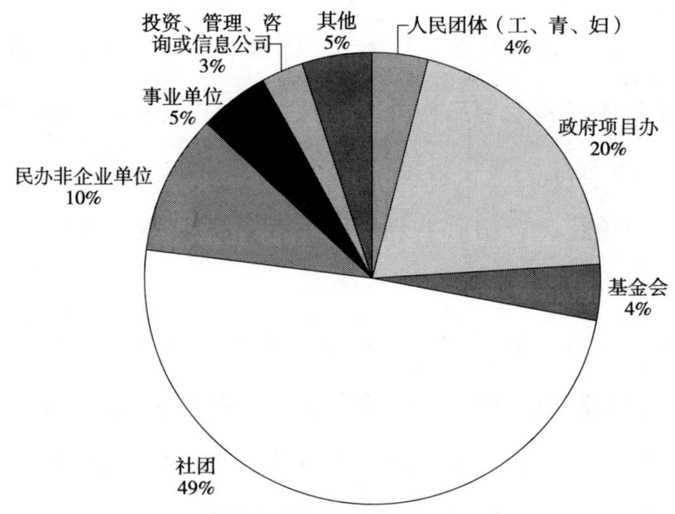


**图 5－2　中国小额信贷联盟中各类公益性小额信贷机构构成**

## 第二节　公益性小额信贷组织制度变迁

中国公益性小额信贷组织形式目前的构成格局是经历了大致三个发展阶段而形成的。公益性小额信贷最初基本上都是政府项目办的形式，后来一些项目办逐渐转变为社团等非营利组织形式。随着小额信贷的商业价值被发现，一些商业银行机构开始开展小额贷款业务，小额贷款公司成立，村镇银行等新型农村金融机构产生，这样，新型商业性小额信贷机构逐渐产生，而且一些非营利小额信贷机构开始商业化转型。

### 一　项目制

第一阶段为20世纪90年代中期至20世纪末，这时中国小额信贷处于初始阶段，资金多来源于国际多边或双边发展援助机构，这些机构都是与中国政府合作，小额信贷也多是以综合扶贫或环保项目的形式开展，而且小额信贷只是项目的内容之一。小额信贷的操作部门多是政府成立的项目管理办公室。

### 二　机构化

第二阶段开始于20世纪末至21世纪前十年中期，那时小额信贷项目陆续结束，以往的项目在结束时一般情况下资金都使用完毕，不存在项目之后资金继续管理的问题。但是，小额信贷项目却留下了信贷资金需要长期管理，而项目办只是临时机构，大都缺乏长期管理项目资金的制度安排。在这个阶段，国际上盛行小额信贷可持续发展的潮流，即小额信贷自身能够自负盈亏，甚至发展壮大，以长久为低收入和贫困人口提供金融服务。其更深刻的背景是国际发展援助机构不可能长期向小额信贷源源不断地输入资金，小额信贷必须解决自身“造血”、自我生存问题。在这种背景下，向中国小额信贷提供资金的国际发展援助机构也同样提出了成立专门的小额信贷机构要求。这样，中国外援的小额信贷项目纷纷转向成立专门机构。

在组织形式上，国际发展援助机构认为，这样的机构应独立于政府，且不应以营利为目的，所以，小额信贷机构的组织形式应该是非政府组织或称非营利组织，在中国则称为民间组织。在我国，可选择的民间组织形式主要是社会团体（如协会，联合国开发计划署援助的小额信贷项目都转为协会）和事业单位（如小额信贷中心，联合国儿童基金会援助的小额信贷项目中有许多转成这样的机构）。中国扶贫基金会管理的世界银行援助的小额信贷项目当时一般注册为民办非企业单位。为了统筹管理下属的小额信贷机构，有的部门成立了基金会专门管理小额信贷业务，如中国社会科学院农村发展研究所发起成立了北京市农发扶贫基金会，管理其发起的四个县的扶贫经济合作社。在这一时期，一些全国性的基金会也开始采用小额信贷形式进行扶贫，如中国人口福利基金会、中国妇女发展基金会等。所以，基金会也成为一种小额信贷组织形式。这样，我国的四种民间组织形式都被公益性小额信贷所使用。

除了在20世纪末农村信用社系统陆续开展小额信贷业务之外，总的来看，这一时期我国小额信贷的组织形式多是非营利组织形式。这种状况大致一直持续到21世纪前十年的中期。

## 三　商业化与社会企业化

从21世纪前十年中期至今是我国公益性小额信贷组织制度变迁的第三阶段。在短短六七年里，中国小额信贷领域发生了巨大变化，组织形式也呈现多样化发展态势，主要特征是商业性小额信贷机构大规模出现以及公益性小额信贷机构转制。首先，2005年，中国人民银行推动试点小额贷款公司，产生了私人投资的商业化小额信贷机构。2008年，银监会和中国人民银行联合发布了《关于小额贷款公司试点的指导意见》，对小额贷款公司的建立和运营提出了规范，此后，小额贷款公司呈现出井喷式增长。截至2012年12月底，全国共有小额贷款公司6080家。[①] 其次，2006年底银监会发布了《关于调整放宽农村地区银行业金融机构准入政策　更好支持社会主义新农村建设的若干意见》，允许建立村镇银行、贷款公司和农村资金互助社三种新型农村金融机构，随后在2007年制定并颁布了组建这三种新型金融机构的指导意见。这样，新型的正规银行机构开始进入小额信贷领域。截至2012年9月底，我国已组建新型农村金融机构858家，其中村镇银行799家[②]。在这一时期，世界银行等国际金融机构与国家开发银行合作，在一些城市商业银行试点小额贷款业务，还有一些城市商业银行自发地尝试开展小额信贷业务，并逐步将业务推向农村。

---

① 中国人民银行：《2012年小额贷款公司数据统计报告》，http：//www. pbc. gov. cn/publish/diaochatongjisi/3172/2013/20130201184822380850461/20130201184822380850461 _. html，2013年2月17日。

② 新华网，http：//news. xinhuanet. com/2012 - 10/21/c_ 113443253. htm，2013年2月17日。

在商业性小额信贷机构大量涌现，小额信贷市场竞争加剧的情况下，公益性小额信贷机构非营利组织身份所带来的融资难、难以发展壮大问题更加凸显在这种大背景下，一些公益性小额信贷机构开始转制，主要有以下几种情况。

**1. 转制为小额贷款公司**

在银监会和中国人民银行颁布了《小额贷款公司试点的指导意见》以及地方政府颁布了相应的实施细则之后，一些公益性小额信贷机构开始突破现有组织形式障碍，向商业性小额信贷机构转制。2008 年，宁夏扶贫与环境改造中心等 4 家非营利组织与 2 家企业合资成立宁夏惠民小额信贷公司，公司员工也以风险保证金的方式入股；天津妇女发展促进会与企业合资成立了小额贷款公司。

**2. 转制民办非企业法人单位**

有些公益性小额信贷机构也尝试突破体制障碍，但没有转向商业性机构，而是向产权相对清晰的民办非企业法人单位转制。2007 年，中国国际经济技术交流中心管理的湖南湘西和甘肃定西的乡村发展协会都在协会下成立了民办非企业单位法人的小额信贷服务中心。

**3. 转制和新建为非营利公司**

如中国扶贫基金会在原来小额信贷项目管理部的基础上，成立了中和农信项目管理公司，将原所有小额信贷业务转到公司管理。另如，为了适应法律规制，友成企业家扶贫基金会发起成立的友成普融信息咨询公司，直接采用了非营利公司的形式，成为专门为公益性小额信贷机构提供融资和能力建设服务的平台公司。这些公司形式为商业企业，实际为社会公益服务，可以并称为非营利公司。

### 4. 业务模式市场化调整

在 CAM 的公益性 MFI 成员中，许多社团形式的小额信贷机构都是由各级妇联建立的。而且在 CAM 之外，全国妇联系统通过其城乡发展部和中国妇女发展基金会在全国妇联各级组织中开展了大量的小额信贷扶贫活动。到 2009 年底，仅中国妇女发展基金会的小额信贷扶贫活动就覆盖了全国 22 个省、区、直辖市的 100 多个县（旗）市。全国妇联看似只有一家，但妇联系统从中央一直到乡镇有五级组织，村里还有妇女主任。这意味着中国妇女发展基金会的小额信贷项目区内至少有几百个各级妇联组织参与其中。

在妇联系统之外，有另一家准政府公益组织的小额信贷扶贫活动遍布全国，就是中国人口福利基金会的“幸福工程”。中国人口福利基金会同中国妇女发展基金会一样是在民政部注册的公募基金会，但没有基层组织，实施项目都需要依托本系统的组织体系。中国人口福利基金会属于中国人口和计划生育委员会管理，其项目合作伙伴是中国计划生育协会（以下简称计生办），项目的实施依托全国计划生育协会系统进行。计生协系统同妇联组织一样，从中央政府到乡镇共有五级组织，村里还有计划生育干部。截至 2009 年 10 月底，幸福工程已在全国 29 个省、市、自治区 400 多个项目点实施过小额信贷项目。所以，全国至少也有几百个各级计生协参与到“幸福工程”的小额信贷活动中。

可见，妇联和计生系统的小额信贷业务主要依赖各自的行政体系开展。但是，在小额信贷市场蓬勃发展的形势下，为了提高小额信贷活动自身的可持续发展能力和社会效果，这两个系统都在进行业务模式的调整，即小额信贷业务不再只依赖现有的行政体系，不再将信贷资金“撒胡椒面式”地分配给各地方机构或合作伙伴，而是根据小额信贷业务的特点和要求，遵循经济规律，根据自身全国性公募基金会的身份和筹资资助型基金会的发展定位，挑选有能力的专业公益性小额信贷机构，并向它们提供信贷资金，委托它们经营小额信贷业务。这些基金会从而成为公益性小额信贷的资金批发机构。这是适合自身组织制度特点而做出的扬长避短的战略性选择。

**5. 内部入股与对外短期借款**

前三种转制直接可以观察到，是显性的转变。有的转变是外界难以察觉的，却是机构资本构成等方面实实在在的变化。这集中体现在一些公益性小额信贷机构内部融资和非公开对外募集资金上。

筹资难、人员素质较低和流动性大是许多公益性小额信贷机构面临的共同问题。但并不是所有的社团或基金会形式的公益性小额信贷机构都愿意转制为民办非企业单位和小额贷款公司。一些公益性小额信贷机构的管理者不愿甚至抵制转制，其中重要的原因是担心在增资扩股中自己被新的大股东撤换掉，失去在机构中现有的位置和相关利益。由于这些小额信贷机构的人员在小额信贷工作上进行了长期的“专用化投资”，小额信贷机构的健康发展和保持他们在机构中的地位对于他们的生存和生活都具有至关重要的意义，所以他们对机构有重大的依赖利益。这样，是转制以摆脱组织困境，还是为了保证既得利益而不转制，他们处在两难境地。

为了摆脱这一困境，一些小额信贷机构在员工中进行募股。由于在法律上非营利组织不能吸收私人入股，并受到“非分配约束”，有些机构“只做不说”，以风险保证金的名义进行内部入股；有些机构吸收客户入股或存款；还有的机构从私人或私企借款。有的机构兼有几种融资形式。这些对策不仅为抵制转制的机构采用，在其他转制的小额信贷机构或未转制但运行较好的机构都不同程度存在。

私人资金的融入加剧了这些公益性小额信贷机构的营利冲动和商业化倾向，偏离小额信贷扶贫初衷的现象越来越多、越发明显，主要表现为较高的利率和离贫困人口渐行渐远。

内部人入股与法律和社会期待都有一定距离，是否会加重“内部人控制”所带来的问题，尤其是逐利冲动是否逐渐冲刷掉了公益服务的目标，还有待观察。但是，理论上，当个人利益与社会公益发生冲突，尤其是在这种个人利益是内部人的利益而且缺乏有力的内部制衡和外部监督时，公共利益势必处于弱势。

从以上情况可以看到，我国公益性小额信贷的转制不完全是从非营利组织形式转为营利组织形式，也包括非营利组织形式之间的转换。也就是说，转制并非意味着一定要商业化。对于公益性小额信贷机构而言，转制意味着更加市场化，而非商业化。

商业化与市场化是两个不同的概念。[①] 市场是配置资源的手段，市场化意味着以平等主体的身份参与市场交易。小额信贷的市场化意味着

① 国际上，有学者使用了“商业化”（commercialization）和“转制”（transformation）两个概念，认为转制是指一个 NGO 小额信贷机构或者一个小额信贷项目转变为一个股份制公司（share - capital company），而且取得金融机构的执照，可以吸储或者只能进行放贷业务；商业化指基于市场原则摆脱对捐赠的严重依赖，把小额信贷按照“做生意、做商业”要求将小额信贷机构转变为受监管的金融市场的一部分；商业化意味着小额信贷机构可以得到商业性的资金来源，包括债权和股权投资。因此，该学者认为转制只是商业化的一个途径。参见 Joanna Ledgerwood and Victoria White，“Transforming Microfinance Institutions：Providing Full Financial Services to the Poor”，The World Bank，2006，pp. 28 – 29。在中国的语境下，对于公益性小额信贷机构，笔者认为存在商业化和市场化两种转制方式，二者的区别在于转变的程度不同，前者不仅是手段转变，而且是经营目标的转变；而市场化只是经营手段的变化，并没有涉及经营目标的变化。

按照资金市场的供求关系形成的价格为客户提供信贷服务，这种服务不是救济，小额信贷机构与服务对象之间的关系不是捐助者与被捐助者的关系，而是平等的交易伙伴；小额信贷机构不用依赖捐赠资金或补贴也能够实现财务上自负盈亏和机构的可持续发展。所以，市场化是机构服务手段与运行方式的变化，而不是服务宗旨和目标的变化。商业化，意味着经营目标的变化，是为了赢利而经营，由此而带来手段的市场化都是顺理成章的。所以，市场化不一定导致商业化，而商业化必然意味着市场化。采用营利组织的形式不能简单地理解为商业化，而可能只是市场化的手段。采用非营利组织的形式，也不意味着不采用市场化的行为。组织形式只代表着组织运行方式，并不代表组织的宗旨和目标。这样，公益性小额信贷的市场化就可以看成社会企业化。

## 第三节 作为社会企业的几种小额信贷组织制度分析

根据第四章的分析，社会企业的组织形式是多样的，有非营利的公益组织、营利组织和互益性质的合作组织等。评判一个组织是否为社会企业的关键点在于：一是这个组织是否以促进社会发展，解决社会问题为宗旨和目标，是否不以营利为目的，将赢利主要用于组织的发展和社会发展；二是这个组织是否以市场化的商业活动方式来开展业务，能够自负盈亏，而不是依靠捐赠或补贴生存和发展，即所谓的“制度主义”[①]。

---

① 所谓“制度主义”小额信贷机构，就是追求促进社会进步和自身可持续发展双重目标的机构。参见杜晓山等著《中国公益性小额信贷》，社会科学文献出版社，2008。

## 一　公益性小额信贷制度主义的基本特征

公益性小额信贷是一项经营性的公益活动。从目的上看，公益性小额信贷的目的是要为传统银行服务不到或不愿服务的低收入和贫困人群提供融资服务，帮助他们解决生产和生活中的资金瓶颈问题。实现平等、自由和共同富裕一直是人类朴素而崇高的理想，建设和谐社会也成为我国和世界的一种潮流。没有低收入和贫困人口的共同富裕，这样的目标和理想是不可能实现的。所以，公益性小额信贷具有意义深远的公共利益。

公益性小额信贷中奉行"制度主义"的机构，采用市场化利率，与借款户进行平等的融资交易，而不是简单的资金或物资的赠予活动。既解决了借款户生产和生活中资金短缺的问题，偿还的本金及其利息又能够维持小额信贷机构的生存和扩大服务能力。

这样看来，制度主义的公益性小额信贷机构天然地具有社会企业的特征，属于社会企业，而不论其采用何种组织形式。反过来说，社会企业体现了制度主义公益性小额信贷的"双底线"或"双重目标"特征，社会目标是首要的、根本的，赢利目标是次要的、手段性的。如果一个小额信贷机构不具备这两个基本特征，就不能称为社会企业，也不能称为制度主义的公益性小额信贷机构。①

① 正如中国小额信贷联盟秘书长白澄宇讲过的一个故事，一个 P2P 机构想加入中国小额信贷联盟的非政府组织组别，但是它的投资者中有风险投资者。这样的投资者不仅要分红，而且还追求高回报。这样的小额信贷机构就不能称为公益性小额信贷机构或社会企业。参见白澄宇《"非营利公司"与庙宇 IPO 故事》，http：//blog. sina. com. cn/s/blog_4b35d1f80101dknv. html，2012 年 11 月 4 日。

根据社会企业的这两个基本特征来判断，在我国可以称为社会企业的公益性小额信贷组织形式大致包括社团、民办非企业单位、坚持以公益为宗旨的小额贷款公司和非营利公司。这里对这几种组织形式的公益性小额信贷机构转制的原因做一初步分析。

## 二 社团

如前所述，我国公益性小额信贷一般都是在捐赠资金的基础上建立起来的，其法律实质是公益信托，即捐赠资金在法律上具有独立的法律人格，与之相适应的法律形式应该是大陆法系的财团法人。[①] 在几种民间非营利组织形式的小额信贷机构当中，基金会、民办非企业单位和事业单位都具有财团法人的性质，只有社团的组织形式与其组织实质不相符。

社团的最高权力机构是会员大会或会员代表大会。但是，小额信贷机构并不是会员发起成立的，他们也不是实际的出资者。会员或其代表大会只是为了适应法律要求而设计的，实际运作中也没有发挥应有的作用。由于会员大会或会员代表大会仅仅是形式，社团形式小额信贷机构的组织制度呈现出与其他组织形式的小额信贷机构基本相同的特点。

我国社团形式的小额信贷机构表现出非营利组织失灵的一般特征，主要表现在以下几个方面。

### 1. 人治

在会员代表大会形同虚设，理事会“不理事”，内部人实际控制的

---

① 参见孙同全《扶贫小额信贷与公益信托制度研究》，经济科学出版社，2006。

情况下，组织的运行主要靠人，而不靠制度，或制度靠不住，“一把手”的个人素质往往是机构能否健康发展的关键。个人素质主要包括德和能两个方面。公益性小额信贷作为公益事业的一部分，对于公益组织领导人在德、能两个方面的要求都比较高。实践证明，德、能素质均比较高的领导人，其机构的业绩一般也都比较出色；反之，就可能表现较差。强烈依赖人治的结果就是组织的运行绩效难以预期。

**2. 从事信贷业务的组织合法性存在瑕疵**

金融监管部门一直没有将公益性小额信贷机构纳入合法的借贷主体之内，不能吸储，难以进行商业融资，这是公益性小额信贷机构其他问题的一个根本性制度障碍。

**3. 资金来源缺乏**

主要原因包括以下方面：①捐赠资金有限，这是非营利组织普遍遇到的志愿失灵问题；②非营利组织的“非分配约束”使得追求商业回报的商业性投资望而却步；③在许多国家，由于金融法规的限制，非营利性组织不能从公众吸收储蓄；④没有信贷业务合法经营地位，一些商业或社会责任投资者担心政策和法律风险而放弃投资。因此，非营利小额信贷机构难以扩大资金规模，也就难以发展壮大起来。

**4. 人才短缺**

在社会舆论和公众意识中，扶贫工作者就应该是充满奉献精神、不计较个人利益的、品德高尚的人。在客观上，非营利小额信贷机构普遍在贫困地区从事扶贫事业，工作环境和条件较差，报酬待遇相对较低，除了个别领导可能素质较高之外，很难招聘到文化素质和工作能力较高的员工。这样，机构健康发展的人力资源就难以建立起来。

为了解决上述问题，许多民间非营利组织形式的小额信贷机构产生了强烈的转制动力。但是，也有许多社团形式的小额信贷机构并不热衷于转制，其中原因并不排除如前所述的内部员工对转制的担心，但更多的是这些机构的决策和管理层希望充分利用非营利组织的优势来开展业务。例如，内蒙古赤峰市昭乌达妇女可持续发展协会（以下简称赤峰协会）就是目前国内最成功的 NGO 小额信贷机构之一。自从 2001 年由小额信贷项目转制为社团形式的小额信贷机构之后，一直保持着良好的运行状态，包括发挥作用的理事会（由交流中心、赤峰市妇联和独立专家组成）、政府部门的支持而不干预的环境、德能素质较高的高层管理人员等。

赤峰协会在十几年内持续不断地从各种渠道获得捐赠资金和长期的发展信贷资金，用于小额信贷本金、机构和客户能力建设以及其他公益服务活动。赤峰协会管理层认为，NGO 组织形式能够获得政府的各种优惠政策支持，如税收优惠，尽管有信贷业务合法性问题，但是在国家大力推进建设社会主义新农村与和谐社会的宏观背景下，致力于扶贫的小额信贷是国家需要和支持的，而且 NGO 小额信贷业务只贷不存，不会影响社会经济秩序，只会促进社会公平发展，因而存在正当性和合法性。此外，商业化改制毕竟会引入私人资本，随着私人资本比例的增加，NGO 能否始终控股是个问题。如果 NGO 失去控股地位，能否继续致力于帮助弱势人群、这些管理人员将何去何从都将成为他们担心的问题。

但是，赤峰协会能成功走到今天，是天时、地利、人和等诸多因素和作用的结果，如果各种因素发生改变，难以保证组织形式不发生变化。例如，原来的捐助机构强调扶贫，而如果新的捐助机构更强调可持续发展，就有可能要求转制；原来的政府支持而不干预，现在如果强调纳入统一的规范管理或其他约束，就可能要求转制；而且决策管理层的人员也会发生新老交替，非营利组织失灵的问题在这里也会出现，也可能产生转制的内部要求。所以，像赤峰协会这样的公益性小额信贷机构能否继续原来的组织形式有待观察。

## 三　民办非企业单位

相较于社团组织形式，民办非企业单位没有虚设会员代表大会，而是有明确的投资人，产权关系相对明确，资金提供者可以在不以营利为目的的前提下取得一定的投资回报，大大提高了其参与小额信贷机构决策和管理的积极性，有利于改善公益性小额信贷机构的治理结构，进而提高信贷业务管理的水平和质量。在民办非企业单位形式下，监管有利于兼顾资金提供者。

中国扶贫基金会在开展小额信贷业务初期就将其管理的各地小额信贷项目转制为民办非企业单位，而不是社团，中国扶贫基金会是小额信贷机构的唯一出资人或主要出资人，具有决策和管理权，能够对各小额信贷机构进行有效的监管。这种组织形式为中国扶贫基金会稳定提高小额信贷业务质量、效果和影响提供了重要的组织制度保障。

与此对比鲜明的是，中国社会科学院农村发展研究所（以下简称农发所）和中国国际经济技术交流中心（以下简称交流中心）管理的小额信贷项目转制为社团形式。而在社团组织中，产权关系模糊，任何投资者都不能主张所有者身份。农发所和交流中心是各自管理的小额信贷机构的资金和技术提供者和创建者，当小额信贷机构建立并正常运行之后，这两家“上级”机构的角色对于小额信贷机构来说更多的是筹资渠道和合法性来源。尽管在组织形式上两家“上级”机构都参与小额信贷机构的决策和宏观管理，但当小额信贷获得各级政府和社会广泛认可以及后续资金难以为继时，小额信贷机构都明显表现出摆脱这两家机构管理的倾向。两家“上级”机构对小额信贷机构主张的投资利益也难以保障，并由此加剧了与各小额信贷机构之间的紧张关系。

为了转变这种状况，交流中心以两个小额信贷机构为试点进行了组织制度创新试点。这两个小额信贷机构是湖南湘西乡村发展协会和甘肃定西乡村发展协会，都是社团组织。经与当地政府协商，2007 年交流中心先后将这两个小额信贷机构转制为民办非企业法人单位，原协会继续保留，交流中心和协会作为发起人和出资人，原协会的资本金转化为交流中心和协会的出资，交流中心占多数。同时，由于这两个协会的信贷资金主要是联合国开发计划署（UNDP）的援助资金，交流中心经与UNDP 协商，UNDP 同意将信贷资金转归商务部管理，商务部又批准由交流中心来管理信贷资金。这样，资金的产权关系相对明确，交流中心的主管官员担任新建小额信贷机构的理事长兼法人代表，理事会任命新的管理层。

湘西和定西的小额信贷机构转制后呈现新的气象，人员、管理制度、信贷产品、业务策略都做了比较大的调整，薪酬制度更加合理，机构运行状况有了程度不同的改善。但是，作为一个非营利组织，其经营信贷业务的合法性没有完全解决，“筹资难”的问题也没有得到根本解决。

## 四 小额贷款公司

小额贷款公司是中国人民银行自2005年开始试点并推动的小额信贷组织形式，其特点主要是由私人或企业出资，只贷不存，不允许吸收公众储蓄，目的在于调动民间信贷资本，进行金融组织和机制创新，增加金融市场竞争性和有效供给，着重服务于微小企业和中低收入人群。2008年《关于小额贷款公司试点的指导意见》的颁布赋予了小额贷款公司的合法性，也为公益性小额信贷机构提供了一种转制的制度选择。

根据《关于小额贷款公司试点的指导意见》，小额贷款公司的投资人可以是自然人、企业法人与其他社会组织，组织形式可以是有限责任公司或股份有限公司。这些都是典型的营利组织形式，具有有效避免非营利组织失灵的可能性。非营利组织形式的小额信贷机构可以归入“其他社会组织”中，具有成为投资人的资格。这为公益性小额信贷机构业务和身份合法化打开了一扇门。

目前已经有几家原来非营利组织形式的小额信贷机构转制为小额贷款公司。其中比较有影响的是宁夏盐池妇女发展协会转制成立了宁夏惠民小额信贷公司。公司的股东包括宁夏扶贫与环境改造中心、宁夏盐池妇女发展协会、爱德基金会和两家企业。2011年，公司注册资本3000万元（见表5－3和图5－3）。其中，宁夏盐池妇女发展协会名义上是最大股东，投资1790万元，约占60%；宁夏扶贫与环境改造中心投入400万元，占13%；爱德基金会股份188万元，占6%；两家企业分别投入322万元和300万元，占11%和10%。这样，三家NGO的股份共占79%。因为宁夏扶贫与环境改造中心是盐池妇女发展协会的主管单位，因此实际的最大股东是宁夏扶贫与环境改造中心。公司的董事长由该中心主任出任，公司的总经理由第二大股东企业的总经理担任。

**表 5－3 宁夏惠民小额信贷公司股本构成**

单位：万元，%

| 股　　东 | 股本 | 比重 |
|---|---|---|
| 盐池县妇女发展协会 | 1790 | 60 |
| 宁夏扶贫与环境改造中心 | 400 | 13 |
| 爱德基金会 | 188 | 6 |
| 宁夏绿海苜蓿草产业有限公司 | 322 | 11 |
| 宁夏众工电器工程有限公司 | 300 | 10 |
| 总　股　本 | 3000 | 100 |
| 非政府组织 | 2378 | 79 |
| 营 利 企 业 | 622 | 21 |
| 总　股　本 | 3000 | 100 |

资料来源：根据宁夏惠民小额贷款公司提供资料整理。

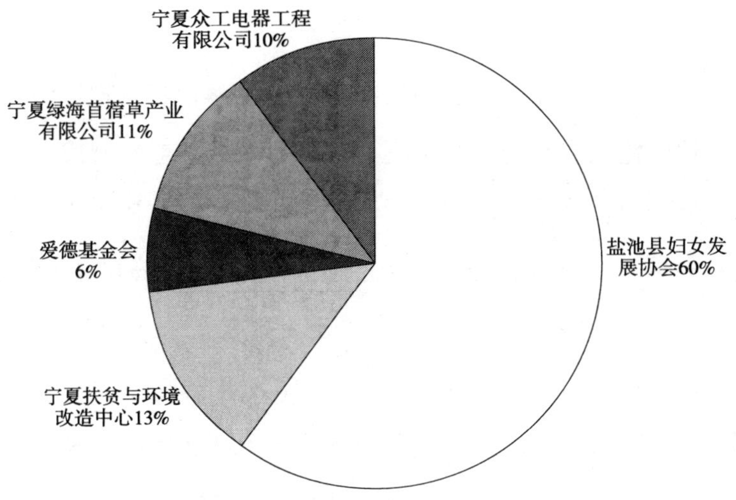


**图 5－3 宁夏惠民小额信贷公司股份构成**

## 五　非营利公司

本书所称非营利公司是指以普通的商事公司形式注册登记的公益性小额信贷管理机构或融资机构，在法律上没有从事小额信贷资金业务的合法性；其资本来源都是公益性投入，即捐赠资金或不以营利为目的的社会责任投资，包括 NGO、企业和自然人的捐赠或投资；公司的首要目标不是利润最大化，而是解决社会问题。但是，非营利公司同样根据《公司法》建立，有明确的投资者（股东）、董事会、监事（会）和经营管理层，这样有利于建立有效合理的治理结构，为有效的经营管理提供制度条件，而且有利于得到投资者的信任；同时，作为商事公司可以成为合法的借贷主体，能够合法地为自身进行内外部债券或股权融资。

可见，非营利公司具有比较明显的社会企业特征，具有避免“非营利组织失灵”的条件。首先，产权相对清晰和更好的治理结构有利于避免“家长制”；其次，具备了合法融资条件有利于解决“慈善不足”的问题；最后，公司形式有利于提高员工的薪酬激励水平，因为在一个营利组织的形式下，提高员工的福利待遇更能够为社会观念和舆论所接受，这正反映了合法性机制的作用。这样更容易留住和吸引高素质和高能力的专业人才，减少或避免“业余”现象的发生。

目前我国两家影响比较大的非营利公司是中国扶贫基金会发起成立的中和农信项目管理有限公司和友成企业家扶贫基金会发起成立的友成普融信息咨询有限责任公司。

中和农信是中国扶贫基金会于 2008 年将其小额信贷项目管理部独立出来转制为公司，将原有的新建的所有小额信贷机构都划归中和农信作为其下属机构管理，这是中国扶贫基金会的小额信贷管理体制改革在小额信贷项目机构化为民办非企业单位基础上的进一步深化。这样，在中国扶贫基金会总部一级将小额信贷业务独立出来，以公司形式运作，有利于小额信贷筹资、治理结构和管理制度的改进，调整和优化人才结构，有利于信贷规模和机构的迅速扩张。同时，中国扶贫基金会作为中和农信的最大股东，牢牢地控制公司运作，继续贯彻原有的公益宗旨和目标，有利于实现社会利益和机构可持续发展的双重目标。

友成普融是友成企业家扶贫基金会于 2011 年 1 月注册成立的，专门为公益性小额信贷机构提供融资、能力建设服务和推动社会绩效管理的平台公司。公司的股东既包括 NGO（友成企业家扶贫基金会、美国格莱珉基金会），还有营利性企业［吉立富投资咨询（上海）有限公司和上海复星创业投资管理有限公司］和一家社会企业（北京友成资产管理有限公司）。公司董事会除股东代表之外，还有一名独立董事，是被誉为“中国小额信贷之父”和公益性小额信贷推动和倡导者的中国社会科学院农村发展研究所的杜晓山研究员。

友成普融之所以使用公司的形式，是秉持友成基金会倡导的社会企业的精神，用商业的方式解决社会的问题，并且在公司的股东协议中明确规定，公司的大部分赢利要继续投入此项事业，用以服务更多的小额信贷机构。

此外，一些专门为公益性小额信贷提供资金的国外社会责任投资者（Social Responsibility Investor）在我国也常常注册为营利组织形式，如有限责任公司。除了上述原因，也有我国有关非营利组织法律的原因。在我国，非营利组织的注册门槛是很高的，在民政登记管理机关之外，还需要一个业务主管部门。而对于来源于非政府的资本，要找到一个愿意充当且合适的业务主管部门并不容易，对一个海外的 NGO 来说就更困难。而注册为一个普通的商事公司就相对容易得多，而且，作为商事公司进行投资可以得到合法的经营地位。于是，一些社会责任投资者、海外的 NGO 或公益事业的发起人选择在工商管理部门注册成立公司，如国际计划在中国境内的办事机构注册为公司，曾经为我国公益性小额信贷机构提供很多资金的美国我开组织（WoKai）在美国注册为非政府组织，是一个公益性小额信贷的投融资平台，由于在我国难以注册为一个合法的 NGO，于是在美国又注册一家有限责任公司，并以这个公司的名义在北京开设办事处，管理小额信贷投资业务。[①]

从上述几个非营利公司形式小额信贷的情况可以看到，它们都是公益性资本控股，这是在采用营利组织形式的同时能够保持公益性组织目标的根本保证。

对于公益性小额信贷的服务对象来说，他们有责任充分、有效地利用借贷资金，并偿还本金和利息。在这些模式中，福利不再被看成一笔钱或者一揽子权益，它们大多都包含了一种哲学，即自我约束和自信与社会福利不可分割。这些模式强调了创造性个人主义的伦理，这与传统福利国家制度中被动的、单向接受性的文化截然不同。

---

① 我开组织因筹资困难等方面的原因，已于 2012 年停业，详见中金在线，2012 年 5 月 11 日。

# 第六章　对转制效果的基本评价

## 第一节　产权与治理结构

产权和治理结构的变化密切相连。产权的变动总是带来治理结构的变化。

湘西和定西的乡村发展协会转制为民办非企业单位的小额信贷服务中心之后（详见案例1和案例5），协会作为服务中心的发起人，成为服务中心的产权方之一，曾经作为小额信贷项目主管单位的中国国际经济技术交流中心也是发起人，并是最大的产权方。在产权明确划分的基础上，新的治理结构中去除了名不副实的会员代表大会，而是直接由出资方和主要利益相关者（如当地政府，代表公共利益）派人组成理事会。这种转变在一定程度上缓解了社团作为“无主”企业所面临的产权不清、治理结构松散等问题。

宁夏惠民小额贷款公司成立之初，原来主管、操作和资助小额信贷的三家NGO的股份共占79%，两家私营企业占21%。2012年惠民公司的股东与股权结构已发生了变化，公司股东调整为7名。其中，法人股东3人，分别来自盐池县爱德项目领导小组办公室、盐池县妇女发展协会、宁夏普惠投资咨询有限公司（由宁夏扶贫与环境改造中心成立，代替其行使股东权利）；自然人股东 4 人，分别是三名私人投资者和一名职工持股人代表。这样，NGO 股份占 47%，已经不占绝对控股地位；私人股本占到了 43%，如果加上职工 10% 的股份，那么自然人的股份占到了 53%，居于绝对控股地位（详见案例 2）。在惠民公司的董事会中，董事长由原 NGO 的法人代表出任，他也是个人股东。

从中和农信 2006 至 2011 年的年度报告可以看到，中和农信成立之后实收资本量大幅增加，2008 年的增幅达到 90%。到 2011 年底，实收资本已比 2007 年底增长近 7 倍（详见案例 3），基金会是最大股东。这样，中和农信实际控制在 NGO 手中。

可见，由社团形式转为民办非企业单位，或者由非营利组织形式转变为营利组织形式，都使所有权人得到了明确，即在法律上使这些组织有了具体的所有权人，治理结构也相应地得到调整。但是，上述三种转制的效果并不完全相同。

湘西和定西转制后在治理结构方面的实质变化是关键利益相关者之间的关系发生变化，因为在原来社团的形式下，会员大会或者理事会其他成员基本上是虚设的，发挥实质作用的当地政府。尽管中国国际经济技术交流中心有相当大的影响力，但毕竟不是明确的所有者，难以顺畅地发挥影响力。转制后，交流中心明确地成为出资人之一，并且派人担任理事长，这样就理顺了出资人及其权利的关系，使其可以有效地主导服务中心事务，增强了筹资积极性，加强了对业务的监管。

中和农信尽管转制为营利组织形式，但是控股权仍然在作为非营利组织的中国扶贫基金会手中，其他股东也都是非商业性机构。因此，中和农信的转制尽管增加了股东和董事会成员，但使治理结构更加完善。

## 第二节 法律地位和融资

不同的转制方式对机构的法律地位有不同的影响。湘西和定西的转制没有摆脱非营利组织形式，也就没有成为符合法律规定的信贷经营主体。宁夏惠民公司获得了信贷经营主体资格，成为一个合法的放贷主体。而转制为项目管理公司的中和农信的信贷经营主体资格，如果严格地按法律而言，也有探讨的空间。友成普融通过信托公司开展资金批发业务，避开了信贷经营主体法律地位的问题。

宁夏惠民公司法律地位问题的解决，虽然不能公开吸储，但也解除了非营利组织的融资禁锢，能够合法地吸收个人和法人的投资，能够从商业银行拆借资金。例如，2010 年 8 月底，惠民公司从国家开发银行贷款 2500 万元。中和农信的公司身份也为其吸收更多的社会责任投资提供了更大的方便。而湘西和定西的转制没有完全解决融资限制的问题。

## 第三节 业务发展

总的看来，公益性小额信贷机构的转制都带来了业务的较大发展。

2008 年 4 月 9 日，湘西民富鑫荣服务中心在吉首市正式开业并发放首批贷款，截至 2011 年 12 月底拥有资产 204.77 万元，累计发放贷款 1240.71 万元，服务客户 734 户，贷款余额 171.83 万元，经营自负盈亏率为 115.18%，运营资产回报率为 21.09%，实现利润 2.07 万元，基本实现了扶贫和可持续发展的双重目标，扭转了转制前发展停滞和面临失败的局面。

宁夏惠民公司从 1997 年底成立外援项目办公室时贷款余额为 3 万元，到 2008 年底贷款余额为 1500 万元；改制后贷款余额迅速增长，2009 年底至 2011 年底的三年间分别达到 3850 万元、7057 万元和 9550.6 万元。有效客户数在 2006 年时为 1129 户，到 2008 年为 3966 户，到 2011 年时，就达到 7686 户，且全部是农户。可见，转制后，惠民公司资金规模迅速扩大，业务规模也随之扩大，提高了服务能力和可持续发展能力，也提高了经济效益和员工福利，形成多赢的局面。

中和农信成立后，所属的小额信贷机构数量和信贷规模都迅速扩大。2008 年，中国扶贫基金会小额信贷业务共发放小额贷款 38053 笔，达 1.88 亿元，年底全国分支机构共 26 个，贷款余额 107045892 元，有效客户 26878 户，妇女客户占 65%，平均单笔贷款额为 4931.63 元，拖欠 30 天以上的风险贷款率仅为 0.96%；2010 年，中和农信共发放贷款 6.9 万笔，达 5.69 亿元，年底，中和农信全国分支机构达到 39 家，贷款余额 3.89 亿元，有效客户 67241 人，妇女客户占 84%，平均单笔贷款额约为 8000 元，超过 30 天的风险贷款率为 0.05%。

通过以上对比可以发现，成立公司后的信贷资金规模大幅上升，开户数量大幅上升，同时妇女客户比例增加，而贷款质量显著提高。同时，目标客户仍然是中低收入人群。可见，中和农信的公司制改造是值得肯定的，这与中国扶贫基金会将中和农信宗旨和目标定为“中国最大的公益性小额信贷机构”和“山水间的百姓银行”是相符的。

## 第四节　宗旨与目标

一个组织的宗旨和目标不仅受组织发起人意志的影响，同时也受到法律的约束。如非营利组织的相关法律就规定了非营利组织的公益目的和利润分配约束。组织发起人的意志是内在的，是基本决定因素；法律环境约束是外在的，但带有强制性。二者必有其一，才有可能为转制的公益性小额信贷机构保持公益性提供制度保障。

目前，我国对采取公司形式的非营利组织尚无强制性的公益目标要求，如此，组织的公益性宗旨和目标就要靠发起人做出郑重的正式承诺，并且将这样的承诺公之于众，接受社会的监督，就像友成普融公司在股东协议中明确规定，用商业的方式解决社会的问题，大部分赢利要继续投入此项事业，用以服务更多的小额信贷机构，并在公司的网站上和其他宣传资料中公开宣布这些承诺。

但是，引进私人资本，是否使更多弱势人群可以得到小额信贷服务，是评价公益性小额信贷机构转制的重要指标，目前尚无充分的证据和论证来说明这个问题。

国际上有一些非营利小额信贷机构在商业化转制后因 NGO 股东没有处于控股地位而偏离公益性小额信贷的目标。例如，柬埔寨是小额信贷发达的国家，其为国际普遍重视的经验是 NGO 形式的小额信贷机构的商业化转制，转制后引入私人资本，扩大经营规模，改变了 NGO 治理模式。有的机构在规模扩大的基础上进而发展成为商业银行，可以吸收公众储蓄，彻底转变成正规银行金融机构。在转制过程中，原来操作小额信贷的 NGO 变为新的商业性机构的法人股东，原来高层管理者和员工变为商业性机构的自然人股东，其中高层管理者往往是大股东，继续担任新的商业性机构的主要管理者。这些高层管理者有时同时兼任原NGO的领导者。这样，NGO不仅是小股东，而且是在商业性机构的高层管理者的管理之下。在这种情况下，商业性小额信贷机构能否延续原NGO的宗旨和目标，是个疑问；NGO作为一个法人，其权利的行使必须通过法人代表，即自然人，也就是这个NGO的领导人，他同时可能也是商业性机构的领导者，这样身兼数个身份、代表不同利益主体的人，怎样能够保证原来的公益性宗旨和目标，同样也是个疑问。目前笔者尚未发现相关的研究文献。[①]

值得关注的是小额信贷机构管理者和员工个人以各种名义的入股和分红。员工入股大致有三个基本目的：一是扩大信贷资金；二是将信贷风险与员工利益挂钩，约束员工行为，控制信贷风险；三是将经营绩效与员工利益挂钩，激励员工积极工作。这种制度设计兼顾了激励与约束

① 在笔者实地考察中发现，在20世纪90年代初期，柬埔寨的小额信贷还只是一些项目活动，但是仅仅10年后，就发展成为柬埔寨金融部门的一部分。到2004年，柬埔寨为穷人服务的金融机构（包括ACLEDA银行、有执照的小额信贷机构和注册的非政府组织）的借款人数接近40万，比1995年高出8倍。2007年，小额信贷机构信贷增长达86%。借款人数从471009增长到676913，涨幅达44%。与2006年相比，存款增长了89%。储户数从2006年的113327增长到了152876，涨幅达35%。柬埔寨在20世纪90年代后，社会极度贫困，金融资源极度匮乏，小额信贷是促进经济发展的宝贵资源，在金融体系中具有比较重要的地位和作用。从柬埔寨商业化的小额信贷机构的客户构成看，原NGO时期的贫困客户比例在下降，平均单笔贷款额在增加，似乎这是一种偏离原有扶贫目标的迹象。但是，这需要考察属于原贫困客户群体的客户绝对数量是否增加。如果这个绝对数量增加了，说明随着机构规模的扩大，受益对象的范围扩大了，那么就不能简单地因其比例减少而做出偏离原来目标的结论。由于缺乏相关数据，尚不能对这种现象做出判断。但是，这是一个非常值得继续研究的问题。参见孙同全《柬埔寨小额信贷的发展历程和启示》，中国社会科学院贫困问题研究中心《小额信贷扶贫》2009年第3期。

两个方面，应该是很好的制度安排。但是，如果希望这种制度安排能够同时促进小额信贷机构增加经济效益和坚持原来的扶贫目标，就要看具体的激励机制的内容，尤其要看有关社会绩效的指标是如何规定和执行的。没有将扶贫目标落实到位的社会绩效考核指标和考核方法，员工入股的激励措施只会加强商业性机构偏离扶贫目标的冲动，即使原 NGO 是转制后的机构的大股东，也难以阻止这个力量，因为内部人有足够的动力、机会和能力来实现自身的利益目标。

## 第五节 公益捐赠资金

公益性小额信贷是在公益捐赠资金的基础上建立起来的。在公益性小额信贷机构转制过程中最敏感的可能就是公益捐赠资金的处理了。对于捐赠资金，国际上已转制的小额信贷机构有多种处理方法，包括捐赠资金由原 NGO 的捐助者撤出，资金缺口由新的投资者弥补；捐赠资金全部转为原 NGO 在新的小额信贷机构中的股份；捐赠资金的增值部分一部分转让给理事会成员、管理层或员工作为在新机构中的股份等。

当捐赠资金及其孳息全部或部分转为个人股份，随之而来的法律问题是，根据绝大多数国家的法律，捐赠资金是服务于公共利益的，服务于中低收入和贫困人群的，是非营利的，如果将这样的资金转给个人所有，就是将公益财产转归私人使用和收益，涉嫌非法转让，而且也可能违反社会道德和习俗。此外，原 NGO 捐赠者捐出的资金可能享受免税待遇，原 NGO 也能享受到非营利组织的税收优惠，如果将公益资金转归个人，那么各种税收优惠待遇就会结束。

如果可以找到合法的途径将部分捐赠资金或其孳息划为理事会成员、管理层或员工的股份，就会产生如何维护原 NGO 所代表的公共利益的问题。一般情况下转制工作是由理事会和管理层操作的，这样，就会出现原 NGO 和可以分得公益财产的个人之间的利益分配问题。这时，谁能代表 NGO 以及公共利益呢？理事会成员和管理层是矛盾的一方，他们在维护自身利益的同时能兼顾公共利益吗？

能够比较稳妥地代表 NGO 和公共利益的可能是原资助机构。但是，一般情况下，这样的机构在资助过一个机构或项目之后，就转移到另一个新的机构或项目去了，很可能没有兴趣或精力顾及转制的 NGO 小额信贷机构。即使这些捐助者能够顾及，但当初的捐赠协议中往往没有有关转制和捐赠财产在转制中如何处置的规定。这成为捐赠者的一个难题。

# 第七章　结论

## 第一节　组织制度演进与社会企业的产生

从中国公益性小额信贷组织制度的演进过程可以看到，组织制度的形成和演进有其自身的规律性，集中体现在组织制度的形成和变化是效率机制、合法性机制和共同目标机制共同作用的结果。在此过程中，组织创建者的自由意志对组织目标的设定往往起到决定性的作用，组织制度的变化也是各利益相关方的利益协调与平衡的结果，其中组织的“内部人”往往发挥关键性的影响。

非营利组织对政府失灵和市场失灵的纠正以及社会企业对非营利组织失灵的纠正都是这些机制发生作用的结果。

## 第二节　社会企业的本质特征和组织形式

社会企业的本质特征是以市场化的商业活动来解决社会难题，推动社会和谐、进步。社会企业不是一种法律意义上的组织形态，而是对各种组织的宗旨与目标及其赢利活动进行价值判断的结果。所以，社会企业既可能采用营利组织形式，也可以采用各种非营利组织形式，只要符合社会企业的本质特征都可称为社会企业。

## 第三节 社会企业解决的问题

社会企业的概念不仅仅是以市场化手段来实现社会目标，而且在个人利益与社会公共利益之间架起了一道桥梁，比较好地将公益目标和机构管理层和职工的切身利益结合起来①，在很大程度上克服了非营利组织失灵的问题，是理想主义与现实主义的结合。所以，社会企业理念和运行模式给公益性小额信贷机构的组织制度创新提供了重要的思路和方向。

对于社会企业服务的对象而言，社会企业不再提供"免费的午餐"，它们需要对得到的服务付出市场水平或接近市场水平的费用，就像借用小额贷款需要支付利息一样。② 这种模式使传统的受助者能够以平等的身份参与市场交易，不仅可以得到需要的服务，而且可以平等、有尊严地得到服务。

目前全球的社会企业运动方兴未艾，没有固定的模式和方法可供借

---

① 埃格特森认为，设计一种组织方式不仅是为了减少欺诈和投机行为，而且也是为了促进协作。所以，他认为，各种契约安排要有助于"将股东的利益和专业经理的利益相结合"，而且达到成本最小化或共同利益最大化，这样的契约形式才能长期地存在下去。参见〔冰岛〕思拉恩·埃格特森著《经济行为与制度》，吴经邦等译，商务印书馆，2004，第51页、122页和139页。

② 利率的高低也会引发是否公益、是否剥削穷人的争议。2010年10月印度爆发的小额信贷借款户上街抗议示威活动，原因之一是高利率导致借款户负债过重，甚至酿成了几十人自杀的悲剧。笔者认为，公益性小额信贷采用市场化利率是必要的，但是也应在公平合理范围之内。

鉴，但同时也提供了巨大的创新空间。公益性小额信贷的利益相关者可以大胆尝试，探索公益性小额信贷的社会企业之路。需要注意的是，社会企业也会有失灵的问题，其核心是要确定组织的真正目标是社会公益。

## 第四节　公益性小额信贷转制的动力来源

中国小额信贷发端于公益性小额信贷，资金来源主要是国外公益性的捐赠资金。捐赠资金的有限性使小额信贷项目独立发展成为必要，而小额信贷活动能够自身造血、循环发展的特性为机构化提供了可能性。

小额信贷的最初捐赠者和国内推动者是小额信贷由项目到机构化的推动者和设计者。在转制过程中，他们的主要关注点是如何维护公共利益，让小额信贷机构可以长期致力于扶贫。所以，他们设计的组织形式是非营利组织。

从非营利组织向市场化、商业化转制的过程中，公益性小额信贷转制的根本性原因不仅仅在于合法地位的缺失和资金的短缺，也包括“内部人”对自身利益的维护和追求。

当公益性小额信贷项目转变为独立机构之后，机构成为一个独立的法人，它就有了自己的“生命”，有了自身的利益，其利益的享有者不再仅仅是机构服务的对象，更直接的享有者是机构工作人员。因为“专用化投资”的存在，小额信贷机构员工也成为一定意义上的所有者，小额信贷机构的改制直接关系到他们的切身利益。因为他们处于内部人的独特地位，任何组织制度的变革都不可能绕过对他们利益的认真考虑。所以，中国公益性小额信贷组织制度的创新中公共利益不再是唯一或主要考虑因素，员工个人利益包括改制后原 NGO 及其员工的利益都在考虑之内，甚至后者有更大的权重。制度变革者需要在公共利益和个人利益、自利与利他之间进行平衡。

## 第五节 作为社会企业的公益性小额信贷机构

制度主义的公益性小额信贷机构天然地就是社会企业。社会企业不拘于营利或非营利的组织形式，公益性小额信贷机构同样也可以是非营利组织形式或营利组织形式，各种形式各有优缺点。公益性小额信贷机构的转制浪潮不能否定非营利组织形式的合理性和生命力，营利组织形式也可以被利用来从事公益事业。

不管采取何种组织形式，公益性小额信贷的组织目标的核心都应该是社会公共利益，这也是公益性小额信贷机构产生的原因和存在的依据。所言与所行必须相符，这是人类思维的基本逻辑和基本价值观。任何个人利益或小集体利益超过公共利益的转制设计都必将失去其合法性，因而都是非正义的。

然而，如何衡量组织的目标是否为公益？需要有一个看得见、摸得着的可衡量的尺度。如果没有完美的手段，就只能退而求其次。这样看来，尤努斯教授的主张是非常有道理的，即社会企业的所有者不能分红，如果分红，只有在所有者是广大的服务对象时[①]。在我国，为了鼓励社会企业的发展，也可以再退而求其次，参照英国的资产锁定和红利

① 所以，在欧美各国合作社也被视为社会企业。在我国，真正按照法律成立和运行的农民专业合作组织也具有社会企业的特征，将来如果有社会企业立法，合作社也应被列入社会企业。

返还限制的法律规定，防止欺世盗名现象的发生。

市场化转制是治理机制和行为方式的转变，是为了解决可持续发展和长期服务于公益目的的手段性变化，而商业化转制意味着组织宗旨和目标的转移。只有市场化的转制才能称为走在社会企业的道路上。

但是，从本书案例的分析可以看到，公益性小额信贷机构从社团转制为民办非企业单位，虽然产权明确了，治理结构和内部人员的激励机制有所改善，但是合法身份和融资能力的问题仍然没有很好地解决。可见，非营利组织形式的小额信贷发展急需政策法律环境的改善。

## 第六节　社会企业道路的制度保障

社会企业作为一种促进人的发展和社会文明进步的新型组织概念，当有推进之必要。但从前面的分析中可以看到，社会企业也有“失灵”的可能。社会企业的本质特征要求这种组织既要有市场活力，又要坚持公益目标。同样，公益性小额信贷机构也需要既提高经营能力，又能坚持扶贫的目标。除组织及其利益相关者自身的努力之外，还需要外在的制度予以激励和约束。

第一，应该制定社会企业和小额信贷的相关法律，给予公益性小额信贷机构合法的经营地位。

第二，对公益性小额信贷机构制定如英国的资产锁定和红利返还限制的规定，并要求其所有者或出资人对此作出明确而公开的承诺，如同友成普融公司和湘西与定西等机构的章程中规定的那样，接受组织内外的监督。

第三，借鉴波斯尼亚经验，制定法律，规定非政府组织形式小额信贷机构向营利组织形式转制的，在新的小额信贷机构中，原非政府组织的股份不得低于51%，以保证非政府组织的控股地位，并希冀由此保证转制后的机构的公益性质。

第四，既然作为公益性机构，有必要对转制的公益性小额信贷机构规定强制性的信息披露制度，包括股权结构、理事会构成、客户数量、平均贷款额、各种额度贷款构成、贷款用途构成，等等，用这些数据和指标来衡量转制后的机构是否继续致力于为中低收入人口提供金融服务，推动社会和谐发展。在政府未出台规定的情况下，行业组织等中介机构应该尽快行动起来，进行相关信息的收集、分析和评价。中国小额信贷联盟推动的中国小额信贷信息交流平台（CMIX）就是一个很好的尝试。

第五，除了继续给予非营利组织在税收等方面的优惠政策之外，还应该采取积极的促进措施，例如设立公益性小额信贷的融资平台，并鼓励民间建立这样的平台，推动社会责任投资的发展，等等。

目前，公益性小额信贷组织制度变革是个重大问题，但是更重大和更迫切需要解决的问题是相关的政策法规严重缺失和滞后的问题。解决了政策法规的问题，公益性小额信贷机构走社会企业的道路可能不会再那么艰难。

# 第八章　案例

## 案例一　湘西民富鑫荣中心[①]

### 一　背景和发展历程

湖南湘西土家族苗族自治州（以下简称“湘西州”）是我国最大的土家族、苗族聚居地，位于湖南省西北部、云贵高原东侧的武陵山区，与湖北、贵州和重庆接壤。境内居住着土家、苗、汉、回、瑶、侗、白等30个民族，其中主体民族土家族占42%、苗族占33%。全州总人口285万，辖吉首市和泸溪、凤凰、花垣、保靖、古丈、永顺、龙山七县，总面积1.55万平方公里，是湖南省进入国家“西部大开发”的唯一地区。2010年州内生产总值303亿元，人均生产总值1.2万元。

湘西州是湖南省贫困落后的少数民族地区，也是国家和湖南省扶贫的主战场，按原定标准有91.6万贫困人口。如果按照2300元的新贫困标准，湘西州将有更多的贫困人口。金融服务方面，2010年全州仍有

---

① 在笔者实地考察基础上，根据中国国际经济技术交流中心提供的资料修改而成。

23个金融服务空白乡镇，占乡镇总数（158个乡镇）的14.5%，即自治州农村有约1/7的地方没有国家应该提供的金融服务。

为配合国家“八七扶贫攻坚计划”，以促进湖南湘西自治州经济发展，改善当地少数民族群众贫困生活面貌，1997年中国国际经济技术交流中心（以下简称交流中心）、湖南省外经贸厅、湖南湘西土家族苗族自治州政府三方合作，利用联合国开发计划署（UNDP）援助，设立了“湖南湘西乡村可持续发展”项目，于1998年4月正式启动。项目布点在永顺、龙山、凤凰三县的7个乡镇，覆盖约5万人口，项目内容主要是推动猕猴桃、藠头两个主导产品的生产，并通过小额信贷扶贫模式，将资金、技术和社会发展培训和服务直接提供到贫困户，同时积极开展环境保护、可持续发展方面的活动。项目信贷循环资金总额为55万美元。项目目标是在3年项目期内重点支持永顺、龙山、凤凰三县的5000户贫困农户两万人的温饱和经济发展问题。

小额信贷扶贫运作模式基本是按孟加拉乡村银行的小额贷款模式。为了使小额信贷扶贫业务能够持续发展，项目期间建立了湘西州乡村发展协会（以下简称湘西协会或协会），专门管理小额信贷业务，在三个项目县各建立一个项目办公室，负责业务操作。到2000年底，累计放贷541.2万元，直接援助农户5120户，累计还款率92%，取得了较好的社会和经济效益。

湘西协会是由当地政府部门主导成立的，三年项目期间，州、县都十分重视，州、县的项目领导小组都由政府主要领导任组长，所属的项目办也配备了较强的力量。由于项目布局分散，小额信贷运作成本高，收取的年8%的管理费，远远不能覆盖运作成本。州、县政府从财力上给予了不小支持。这种靠行政主导推动的项目扶贫，其工作人员又大多是公务员兼职。项目期间，他们中有的升迁、有的退休、有的调动，有的因不能解决编制问题而不安心，人员始终处在不稳定的状态。2001年UNDP项目结束后，湘西协会没有继续得到资金支持，协会工作人员对于协会没有归属感或拥有感，对工作的稳定性也没有安全感，加之在项目结束后转入自主探索可持续发展的头一二年，操作上追求放款速度，管理放松，出现了大面积拖欠与亏损，小额信贷管理问题逐渐显现出来。其中龙山县项目瘫痪，资金全部损失。永顺县发放的贷款大部分成为坏账，剩余资金也被项目办消耗殆尽。只有凤凰县项目办和协会直接管理的150万元资金被保存下来，项目面临失败危机。2005年11月下旬，项目基本处于停滞。2007年，交流中心与湘西州政府协商，对原有的项目和机构进行改制。

## 二 转制

2007年，UNDP决定把其援助的小额信贷资金的所有权移交商务部，具体由交流中心负责管理。为保证项目剩余资金不继续损失，并尽可能挽救湘西小额信贷机构，交流中心根据中国人民银行和中国银行业监督管理委员会提出的小额信贷商业可持续发展的原则，于2007年开始与湘西州地方政府部门协商对原有项目机构进行改制，建立了一家民办非企业单位形式的湘西民富鑫荣服务中心（以下简称“服务中心”），开办资金为100万元人民币，调整了治理结构、业务区域、服务对象和管理办法，小额信贷业务出现了转机。

**1. 调整产权和治理结构**

转为民办非企业单位法人之后，出资人明确为交流中心和湘西协会，在组织结构中取消了名不副实的协会的会员代表大会，最高机构就是理事会，由出资单位代表出任理事，这就理顺了机构组织形式与法律实质之间的关系。交流中心主管官员出任理事长兼法人代表，湘西州政府和协会也派人加入理事会，服务中心主任由理事会任命。这样的理事会构成加强了交流中心对服务中心的监管和控制力度，与改制前由地方政府直接管理有了很大不同。

**2. 调整项目区**

在不改变小额信贷扶持贫困和低收入人口的宗旨下，为减少管理成本，除继续在凤凰发放小额信贷之外，撤销龙山和永顺两个项目试验区，将资金集中在州府所在地吉首市开展业务。这种调整没有超出湘西州的试点区域，而且更有利于提高机构的工作效率。

**3. 调整贷款对象**

将贷款对象由单纯的农户扩大到扶持当地下岗职工、零就业家庭、城郊失地农民等贫困和低收入群体，尤其鼓励家庭中的女性出面申请，帮助她们脱贫致富，促进社会和谐。这种调整没有改变项目发展目标和宗旨，依旧是帮扶贫困和弱势群体。

**4. 调整后的机构业务范围仍是小额信贷**

继续探索原扶贫项目的可持续发展，不以营利为目的，但以实现财务的自负盈亏为原则。因此将根据中国人民银行的规定，调整贷款利息，上限不超过基准利率的4倍。

为实施以上方案，交流中心先后派遣两个专家小组赴湘西州吉首市和凤凰县做实地调研，与州政府有关部门和吉首市政府进行了反复磋商，最终确定了具体改制办法，并于2007年9月在湘西州民政局注册成立服务中心，并于2008年4月正式开业。

开业以后，交流中心要求服务中心及时给政府部门及中国人民银行、银行监管部门报送相关资料及每月财务报表，做到公开透明。同时交流中心积极跟踪业务进展，根据工作中的问题和市场变化派专家调研指导，与政府部门沟通协调，并重新修订了手册和调整产品，使之更加灵活和适应市场。

## 三　组织结构

根据中心章程，理事会为最高决策机构。经理由理事会选聘，负责中心的日常运作。由经理、客户服务主管和资深信贷员组成的审贷小组负责所有贷款申请的审批，其组织结构如图 8－1 所示。

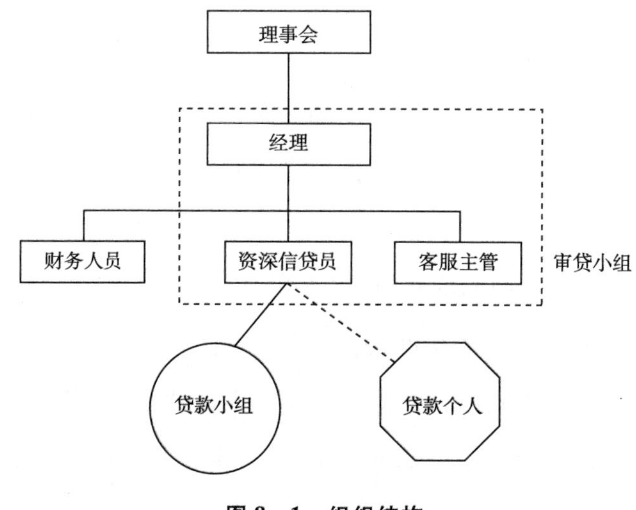


**图 8－1　组织结构**

## 四　宗旨和目标

服务中心的宗旨是用心为广大贫困和中低收入群体提供高质量、可持续的小额信贷服务，促进当地贫困和中低收入人群发展生产、增加收入，创造良好的社会效益。目标是建立一个自负盈亏、持续发展、管理规范、覆盖面广的专业小额信贷机构。

## 五　产品和服务

目前，服务中心有4种产品，都是在市区服务，产品情况如表8－1所示。

**表8－1　产品分类**

| 产品名称 | 常规贷款 | 创业贷款 | 发展贷款 | 季节贷款 |
| --- | --- | --- | --- | --- |
| 序号 | 产品1 | 产品2 | 产品3 | 产品4 |
| 实施区域 | 城区 | 城区 | 城区 | 城区 |
| 目的 | 满足中低收入客户短期流动资金周转和小额固定资产购买的需求 | 帮助下岗职工、失地农民、零就业家庭等低收入人群创业 | 满足个体工商户、微型企业扩大再生产和发展的需求 | 满足中低收入客户临时性及季节性采购和周转 |
| 针对人群 | 贫困、低收入家庭，小个体工商户 | 微型创业人员 | 个体工商户、微小企业 | 贫困、低收入家庭、个体工商户 |
| 贷款申请条件 | 2年以上相关经营活动经验，有固定经营场所和住所，有稳定的现金流，月营业收入是还款额的2倍以上 | 有相关经营活动经验和经营能力，有生产经营项目、经营场地和住所，月营业收入大于还款额 | 2年以上相关经营活动经验，有固定经营场所和住所，雇员2人以上，订单稳定，有稳定现金流，月营业收入是还款额的2倍以上 | 2年以上相关经营活动经验，有固定经营场所和住所，雇员2人以上，业务和订单稳定，月营业收入是还款额的2倍以上 |

续表

| 产品名称 | 常规贷款 | 创业贷款 | 发展贷款 | 季节贷款 |
| --- | --- | --- | --- | --- |
| 抵押担保 | 有稳定收入的担保人 | 有稳定收入的担保人 | 有稳定收入的担保人 | 有稳定收入的担保人 |
| 期限（月） | 3～12 | 3～12 | 3～12 | 3 |
| 最低额度 | 不限 | 不限 | 不限 | 不限 |
| 最高额度（元） | 第1次：10000<br>第2次：12000<br>第3次：15000<br>第4次：18000<br>第5次：20000<br>依此类推<br>最高上限：30000 | 第1次：6000<br>第2次：9000<br>第3次：12000<br>第4次：15000<br>第5次：18000<br>第6次：20000<br>最高上限：20000 | 40000元以内 | 30000元以内 |
| 贷款方式 | 个人贷款 | 个人贷款 | 个人贷款 | 个人贷款 |
| 还款方式 | 分期还款，固定利率法计息 | 分期还款，固定利率法计息 | 分期还款，固定利率法计息（整贷整还） | 整贷整还，利随本清（按月付息，到期还本） |
| 月利率（%） | 1.4 | 1.4 | 1.4，2.1 | 2.1 |
| 风险程度 | 较低 | 一般 | 较低 | 较低 |

## 六　资金使用

该中心的资产和收入用于章程规定的业务范围和事业的发展，盈余不得用于分红。在资金使用方面，根据国家有关法律规定、合作协议和中心工作需要安排，主要包括工作人员报酬；行政开支；业务开支；项目活动支出；支付合作单位有关费用；偿还借贷资金本息；设备购置等；各项基金：根据国家规定，中心将从经费中提取用于业务发展的各项公共基金（包括发展基金、福利基金等）以及用于支持扶贫和乡村发展项目的专项基金。

## 七　管理模式

服务中心规模较小，目前还没有设立分支机构。总部设在吉首市，在城区开展小额信贷工作。理事会为最高决策机构。经理由理事会选聘，负责中心的日常运作。由经理、客户服务主管和资深信贷员组成的审贷小组负责所有贷款申请的审批。

## 八　资金来源

（1）中国国际经济技术交流中心。

（2）湘西州乡村发展协会。

（3）在业务范围内开展服务活动的收入。

（4）利息。

（5）捐赠。

（6）其他合法收入。

## 九　转制效果

通过改制，建立起了良好的治理结构和明晰的产权关系，克服了行政主导的弊端。建立了有效运行的理事会，服务中心实行在理事会领导下的经理负责制。理事会是服务中心的决策机构，经理室是执行机构。项目改制后，得到了当地政府部门的大力支持，与政府部门形成了依靠但不依赖、政府参与但不干预的良好关系。同时逐步建立了一套规范的操作手册、完善的信贷产品和一支稳定的管理团队；对员工实行积极的激励机制，绩效挂钩，充分调动了员工积极性，培养了员工责任感和主人翁精神；小额信贷管理实现了信息化，通过小额信贷信息管理系统大大提高了工作效率，降低了运作成本。

2008 年 4 月 9 日，服务中心在吉首市正式开业并发放首批贷款。目前服务中心有员工 5 名，其中管理人员 3 名，信贷员 2 名，5 人均是面向社会招聘的工作人员，专职从事小额信贷工作。员工报酬由基本工资 + 绩效工资 + 补贴 + 奖金 + “五险一金”组成，形成了较好的激励效果。

由于资金的限制，湘西协会暂时在吉首市城区开展业务，服务对象为城区具有劳动能力的、遵纪守法的中低收入客户，包括从事正当经营的城区小个体工商户、下岗创业人员等，并鼓励家庭中的女性申请贷款，同等条件下，女性申请人优先得到贷款。贷款主要用于养殖业、小商业和服务业等领域。

截至 2011 年 12 月底拥有资产 204.77 万元，累计发放贷款 1240.71 万元，服务客户 734 户，单笔贷款额平均在 1.8 万元，贷款余额 171.83 万元，经营自负盈亏率为 115.18%；运营资产回报率为 21.09%；实现利润 2.07 万元，基本实现了扶贫和可持续发展的双重目标。

## 十　面临的问题

截至 2010 年底，尽管进行了转制，但是一直没有新的资金进入，所有者权益规模一直维持在 100 多万元的水平，用于信贷的短期借款仅有 100 多万元，信贷和机构规模难以扩大。没有新资金的原因很多，其中服务中心认为转制没有到位是重要原因。所谓没有到位，是指服务中心仍然是非营利机构，没有合法的金融业务身份。服务中心成立时，银监会有关小额贷款公司试点的指导意见还没有出台；机构所有的管理完全参照当时中国人民银行颁发的《小额信贷管理办法》实施管理。此外，服务中心认为员工缺乏系统培训，业务能力和风险控制能力有待加强。

目前，交流中心正积极联络国内外投资机构，争取进一步将服务中心改制为小额贷款公司。但是，如何构建一个保持公益性宗旨和目标的小额贷款公司将成为服务中心各利益相关方的挑战。

## 附录8－1 湘西州民富鑫荣小额信贷服务中心章程

**第一条** 为维护湘西民富鑫荣服务中心（以下简称“中心”）和举办单位或举办人的合法权益，规范中心的组织和行为，根据《民办非企业单位登记管理暂行条例》和其他有关规定，制订并签署本章程。本章程如与国家法律、法规相抵触的，以国家法律、法规为准。

**第二条** 本中心系依照《民办非企业单位登记管理暂行条例》和其他有关规定，从事非营利性社会服务活动的社会组织。

**第三条** 本中心登记管理机关是当地民政部门；本中心的主管单位是湘西州发展和改革委员会。

**第四条** 本中心经业务主管单位批准，在当地民政部门注册登记，取得《民办非企业单位（法人）登记证书》。

**第五条** 本中心注册名称是湘西土家族苗族自治州民富鑫荣服务中心。

**第六条** 本中心的宗旨是促进普惠金融体系，建设和谐小康社会。

**第七条** 本中心根据国家有关民办非企业管理的规定予以运营。

**第八条** 本中心的住所地是：湖南省湘西州吉首市。

**第九条** 本中心的开办资金：100 万元人民币。

**第十条** 本中心的业务范围：小额信贷、技术培训和信息服务。

**第十一条** 本中心的经费来源是：

（一）中国国际经济技术交流中心。

（二）湘西州乡村发展协会。

（三）在业务范围内开展服务活动的收入。

（四）利息。

（五）捐赠。

（六）其他合法收入。

**第十二条** 本中心的资产和收入用于章程规定的业务范围和事业的发展，盈余不得用于分红。资金使用根据国家有关法律规定、合作协议和中心工作需要安排，主要包括：

（一）工作人员报酬。

（二）行政开支。

（三）业务开支。

（四）项目活动支出。

（五）支付合作单位有关费用。

（六）偿还借贷资金本息。

（七）设备购置等。

（八）各项基金：根据国家规定，中心将从经费中提取用于中心业务发展的各项公共基金（包括发展基金、福利基金等）以及用于支持扶贫和乡村发展项目的专项基金。

**第十三条**　本中心的法定代表人应符合《民办非企业单位登记管理暂行条例》的相关规定，由举办单位推荐产生，任期为三年，在任期间，如出现任何违反《民办非企业单位登记管理暂行条例》规定和有损中心利益的行为，举办单位可与主管单位协商后予以罢免。

**第十四条**　本中心执行《民间非营利组织会计制度》，依法进行会计核算，建立健全内部会计监督制度，保证会计资料合法、真实、准确、完整。

**第十五条**　本中心按照《民办非企业单位登记管理暂行条例》的规定，自觉接受登记管理机关的年度检查。

**第十六条**　本中心的劳动用工、社会保险制度按国家法律、法规及国务院劳动保障行政部门的有关规定执行。

**第十七条**　本中心对本章程的修改，须经业务主管单位审查同意后30日内，报登记管理机关核准。

**第十八条**　本中心出现下列情形之一的，应当终止：

（一）完成章程规定宗旨的。

（二）无法按照章程规定的宗旨继续开展活动的。

**第十九条**　本中心办理注销登记前，应当在登记管理机关、业务主管单位和有关机关的指导下成立清算组织，清理债权债务，处理剩余财产，完成清算工作。剩余财产，应当按照有关法律、法规的规定处理。清算期间，不进行清算以外的活动。本中心应当自完成清算之日起15日内，向登记管理机关办理注销登记。

**第二十条**　本中心自登记管理机关发出注销登记证明文件之日起，

即为终止。

**第二十一条** 本章程自登记管理机关核准之日起生效。

## 案例二 宁夏惠民小额贷款公司[①]

### 一 背景和发展历程

盐池县地处宁夏东部，地广人稀，是宁夏面积最大的县。全县辖4乡4镇100个村1个街道办事处11个社区，总人口16.8万人，其中农业人口13.4万人。以滩羊为主的畜牧业是当地农业和农村经济的支柱产业，也是盐池县的主要经济来源，被誉为“中国滩羊之乡”，同时也是“中国甘草之乡”。

盐池县小额信贷始于1996年，是在德国爱德基金会资助的“盐池县爱德治沙与社区综合发展项目”的基础上，在盐池县委、县政府以及中国农业大学、法国沛丰机构等方面的支持下，参照孟加拉乡村银行模式（GB模式），结合盐池县的实际和当地农户的信贷需求而设计的。德国爱德基金会提供援助资金4万元，由盐池县沙地资源开发协会管理使用。通过3年的运行，该项目取得了初步成功。

1999年起爱德基金会开始追加投资。随着小额信贷规模的扩大，2000年在项目的基础上，“盐池县农村发展协会”成立，其后该协会又注册成立了民办非企业单位形式的“盐池县小额信贷服务中心”（以下简称服务中心），作为该协会的小额信贷操作机构。为更好地服

① 根据宁夏惠民小额信贷公司提供资料以及与公司管理层访谈整理，并引用了花旗微型创业奖调研报告的部分内容（略作修改），该报告由孙同全、亓宝华和宁爱照完成。

务于贫困妇女，2002 年“盐池县农村发展协会”更名为“盐池县妇女发展协会”（以下简称为协会），服务中心仍作为协会的小额信贷操作机构。2000 ~ 2007 年，在爱德基金会支持下，盐池小额信贷模式的基本框架逐渐形成。至 2007 年 8 月，协会的小额信贷业务覆盖了盐池县 147 个村，有效贷款客户达 906 户，贷款余额为 286.15 万元。但由于机构产权不明晰，难以吸收投资，机构及其信贷规模都难以做大。

2007 年 8 月，在盐池县委、县政府，自治区金融办等方面的关注和支持下，服务中心得到国家开发银行宁夏分行的 1000 万元贷款支持，自此盐池小额信贷进入快速发展轨道。2008 年，经有关各方的协商决定，在小额信贷服务中心的基础上改制建立了全国公益性小额信贷机构中第一家获批的、公益资本控股的小额信贷机构——宁夏惠民小额信贷有限公司（以下简称惠民公司）。这样，机构步入了合法、规范、可持续的发展轨道，业务也由盐池县扩展至同心县。

## 二　宗旨与目标

2009 年，惠民公司确立的公司宗旨是“通过建立富有亲情的信贷网络，为宁夏地区低收入家庭提供高效便捷的微型金融服务，使他们的生活得到改善”，即“面向三农，关注贫困，微贷惠民”。公司董事长提出“厚德亲民、兼爱互利”的企业理念，体现出社会企业的特征。

惠民公司的长远发展目标是发展成为全国一流的村镇银行——宁夏惠民村镇银行，在宁夏南部山区提供金融服务，惠及千千万万低收入家庭。

惠民公司的近期目标包括如下几方面。

第一，2011 年公司改制成为乡村银行，信贷规模达 2 亿元，在盐池和同心两县开展业务；2012 年，信贷规模达 5 亿元，业务覆盖宁夏南部山区的五县；2013 年，信贷规模达 10 亿元，业务覆盖宁夏南部山区全部县市。

第二，2011 年，公司的资本收益率达 15%，规划期内，每年以 20% 的速度递增。

第三，为创新农村金融服务模式提供经验。

为此，惠民公司制定了“树信、增效、强势、提素、严控”的发展战略，即在保持机构公益性的前提下，通过提高效率、多渠道筹集资金、提高员工素质、加强内部管控，实现公司发展目标。

## 三 惠民公司的股本构成和治理结构

### 1. 股本构成

惠民公司成立后，引入了私人投资者，扩大了资本总额，但股东和股权结构一直处于调整之中。2011 年，公司的股东包括宁夏扶贫与环境改造中心、宁夏盐池妇女发展协会、爱德基金会和两家企业。公司注册资本 3000 万元，如表 8－2 所示。其中，宁夏盐池妇女发展协会名义上是最大股东，投资 1790 万元，占 60%；宁夏扶贫与环境改造中心投入 400 万元，占 13%；爱德基金会股份 188 万元，占 6%；两家企业分别投入 322 万元和 300 万元，占 11% 和 10%。这样，三家 NGO 的股份共占 79%。因为宁夏扶贫与环境改造中心是盐池妇女发展协会的主管单位，因此实际的最大股东是宁夏扶贫与环境改造中心。公司的董事长也是由中心主任出任。公司的总经理由第二大股东企业的总经理担任。

**表 8-2 2011 年宁夏惠民小额贷款公司股本构成**

单位：万元,%

| 股　　东 | 股　本 | 比　重 |
|---|---|---|
| 盐池县妇女发展协会 | 1790 | 60 |
| 宁夏扶贫与环境改造中心 | 400 | 13 |
| 爱德基金会 | 188 | 6 |
| 宁夏绿海苜蓿草产业有限公司 | 322 | 11 |
| 宁夏众工电器工程有限公司 | 300 | 10 |
| 总股本 | 3000 | 100 |
| 非政府组织 | 2378 | 79 |
| 营利企业 | 622 | 21 |
| 总股本 | 3000 | 100 |

资料来源：根据宁夏惠民小额贷款公司提供资料整理。

2012 年 7 月，当笔者到惠民公司考察时，惠民公司的股东与股权结构已发生了变化。公司股东调整为 7 名，其中法人股东 3 名，分别来自盐池县爱德项目领导小组办公室、盐池县妇女发展协会、宁夏普惠投资咨询有限公司（由宁夏扶贫与环境改造中心成立，代替其行使股东权利）；自然人股东 4 人，分别是三名私人投资者和一名职工持股人代表。这样，NGO 股份占 47%，大幅降低，已经不占绝对控股地位；私人股本占到了 43%，如果加上职工 10% 的股份，那么自然人的股份占到了 53%，居于绝对控股地位（见表 8-3）。

**表 8-3　2012 年 7 月宁夏惠民小额贷款公司的股东和股本构成**

单位：%

| 股　　东 | 股本比重 |
|---|---|
| 盐池县妇女发展协会 | 24 |
| 宁夏普惠投资咨询有限公司 | 16 |
| 盐池县爱德项目领导小组办公室 | 7 |
| 私人投资者 1 | 17 |
| 私人投资者 2 | 13 |
| 私人投资者 3 | 13 |
| 职工 | 10 |
| 总股本 | 100 |
| 非政府组织 | 47 |
| 私人投资者 | 43 |
| 职工 | 10 |
| 总股本 | 100 |

资料来源：根据宁夏惠民小额贷款公司提供资料整理。

宁夏盐池小额信贷转制的初衷之一是在引入私人资本的同时保持非营利组织控股。私人企业注入资金使得小额信贷机构可以扩大资金规模，增加信贷业务量，提高服务能力和可持续发展能力，提高经济效益，增加机构员工福利，并能够服务更多客户。同时，非营利组织控股有利于保证公司继续向原有的受益目标人群提供金融服务，坚持了社会目标。这是一举多赢的局面，也是公益性小额信贷机构转制的主要动力和目标。除私人资本之外，公司制形式也为小额信贷机构筹借商业或其他私人贷款提供了合法条件。

但是，在私人股份占绝对优势的情况下，由于 NGO 存在“无主”

问题以及非营利组织的"失灵"问题，如果协会和咨询公司的法定代表人也以职工的身份持有职工股，那么，这个职工股东的身份与 NGO 股东代表的身份可能存在利益冲突。如何解决这个冲突就成为转制后的惠民公司能否继续成为一个公益性小额信贷机构的关键问题。

**2. 治理结构**

公司设立股东大会、董事会和监事会。董事会由 5 人组成，其中领薪董事 3 人，独立董事 1 人。董事会每年开会 4 次，股东大会每年至少召开 1 次。小额贷款公司组织结构如图 8-2 所示。

公司设监事 1 名，为公司股东成员之一，并从公司领取薪酬。监事由公司股东大会选举产生。监事对股东大会负责，监事任期每届 3 年，任期届满可连选连任，主要负责检查公司财务，监督公司运行。公司管理层人数为 7 人，其中两人从机构领取薪酬。

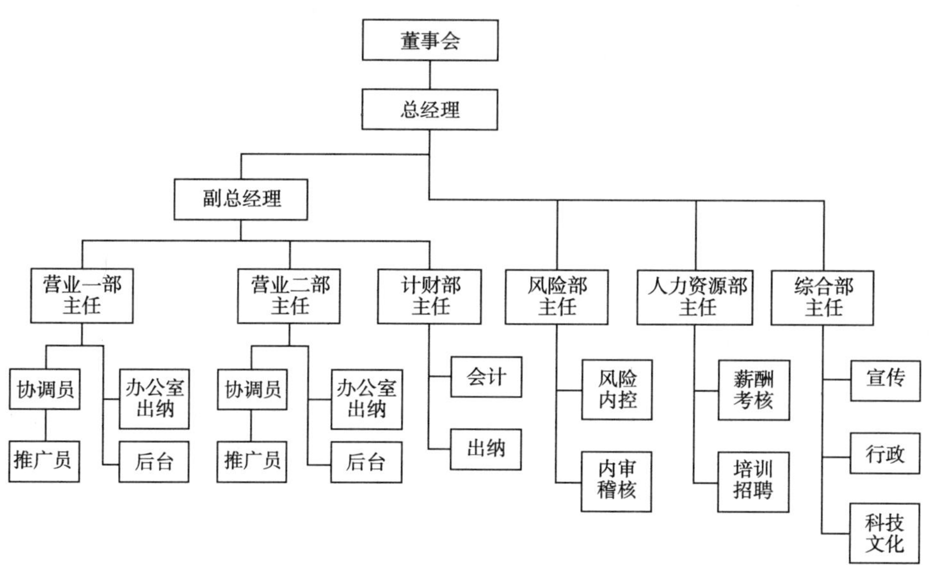


**图 8-2　宁夏惠民小额贷款公司组织结构**

资料来源：根据宁夏惠民小额贷款公司提供资料整理。

## 四　业务发展状况

经过十余年的发展，宁夏惠民小额贷款公司的业务规模发生了巨大变化，从1997年底成立外援项目办公室时贷款余额仅为3万元，发展到2008年的1500万元、2009年的3850万元、2010年的7057万元和2011年的9550.6万元。从图8－3可以看到，2008年之前，盐池协会的小额贷款业务发展迟缓；2008年之后，惠民公司的小额贷款业务飞速发展，显示出转制对业务规模扩大的巨大作用。

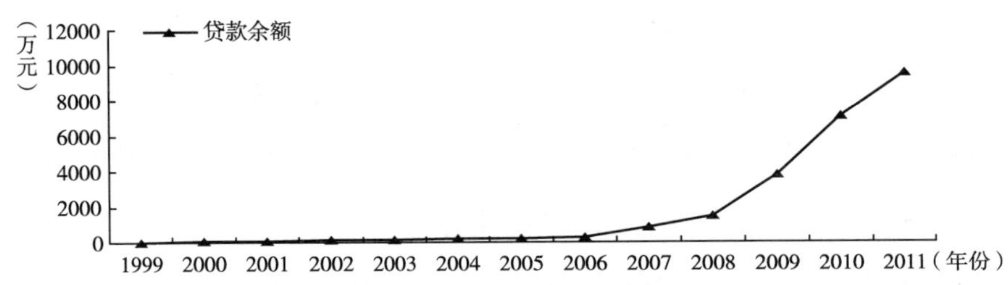


**图8－3　宁夏惠民小额贷款公司贷款余额发展趋势（1999～2011年）**

资料来源：根据宁夏惠民小额贷款公司提供资料整理。

宁夏惠民小额贷款公司累积贷款客户数从2007年的4175户增加到2011年的12278户，年均增长48.52%；有效贷款客户数从2006年的1129户，发展到2011年的7686户（见图8－4）。2007～2011年的有效客户数年均增长达41.12%，所有客户全部为农户，所辖农村覆盖度达100%，真正做到了小额信贷服务于农民。与此同时，惠民小额贷款公司的储蓄账户总数也呈上涨趋势，年均增长达41.12%。但是，随着业务规模的扩大，女性客户的比重有所下降。

从历年不同贷款额度数量和客户数量的变化趋势看，惠民公司自2009年开始提供限额为2万元的贷款，这类贷款的数量高于限额在1万元以下的贷款（见图8－5）。

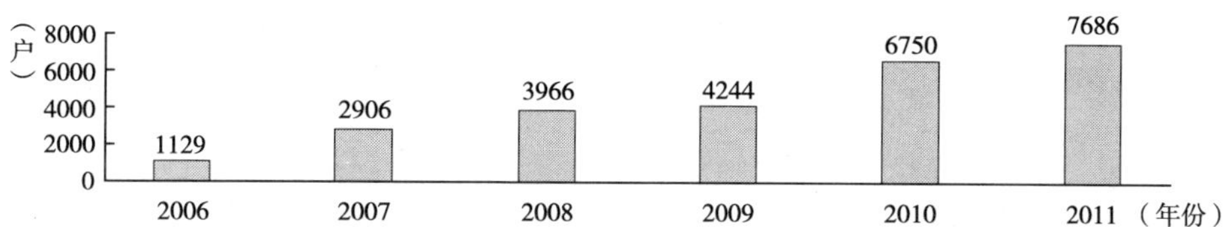


**图8－4　宁夏惠民小额贷款公司有效客户数变化趋势（2006～2011年）**

资料来源：根据宁夏惠民小额贷款公司提供资料整理。

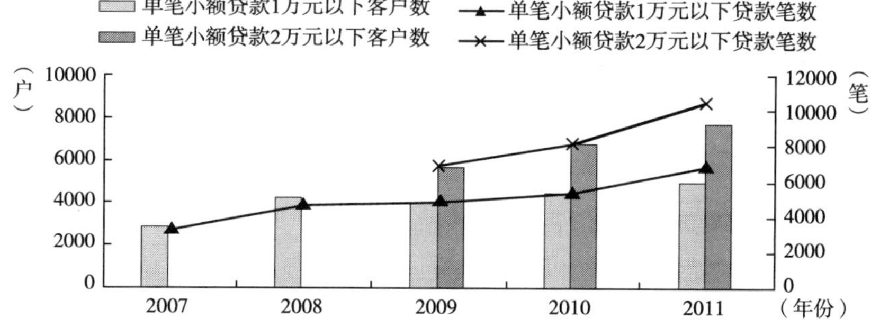


**图8－5　不同额度单笔借款客户数与笔数**

资料来源：根据宁夏惠民小额贷款公司提供资料整理。

## 五　目前产品

惠民公司的产品是依据当地农村的社会经济条件及农民的信贷需求而设计，目前已有的产品有普通贷款、发展性贷款和微小企业贷款三种产品（见表8－4）。

**表8－4　贷款产品表**

| 名　称 | 普通贷款 | 发展性贷款 | 微小企业贷款 |
|---|---|---|---|
| 信贷对象 | 具有生产、经营能力的农村贫困妇女（痴、呆、傻不包括在内）；常年、长期居住在项目区内；经营有利于环境改善的农村发展项目 | 1. 参加小额信贷贷款连续2轮次的组员<br>2. 个人自有存储资金额度达到1000元<br>3. 在小额信贷活动时，考勤考核分必须是优良组员 | 对具有一定规模、经营管理良好、具有发展潜力的微小企业户提供的贷款 |

续表

| 名　称 | 普通贷款 | 发展性贷款 | 微小企业贷款 |
|---|---|---|---|
| 担保要求 | 5户自愿组成平等互助的联保小组 | 同小组的联保 | 2人担保方式 |
| 贷款额度 | 根据农户实际需求申请贷款，第一轮最高额以3000元为起点，以后每轮增加500~1000元，逐轮滚动，滚到5000元为最高额 | 除普通贷款外，再提供最高限额为2万元的发展性贷款 | 最高限额为2万元 |
| 贷款周期 | 贷款周期为6个月和12个月（新村组6个月，老村组12个月） | 贷款期限是12个月 | 贷款期限是12个月 |
| 贷款方式 | 一次性发放贷款 | 一次性发放贷款 | 一次性发放贷款 |
| 例　会 | 每月召开一次村组会议 | | |
| 还款方式 | 季度收取运管费，到期收还本金 | 季度收取运管费，到期还本金 | 季度收取运管费，到期还本金 |
| 经营项目 | 贷款农户自我选择所从事的经营创收项目。贷款必须用于生产、经营性创收项目 | 经营项目具有一定规模的组员 | 生产经营项目具有一定规模和良好经济效益 |
| 运管费 | 按贷款额度每月8.5‰（每年10.2%）的比例缴纳 | 年利率为15.3% | 年利率为18% |
| 费　用 | 在贷款时，按贷款额度每月1‰（每年1.2%）的比例交纳村组共有资金 | 3‰风险保证金 | 3‰风险保证金 |
| 强制储蓄 | 贷款后一个月开始，每月存入贷款额度的1%，一轮结束时存足贷款额的10%的个人自有存储资金 | 无 | 无 |

资料来源：根据宁夏惠民小额贷款公司提供资料整理。

## 六　非金融服务的情况

除了小额贷款，惠民公司还向农村妇女提供实用技术培训、文娱、扫盲理财、农资购销、妇幼保健等非金融服务，旨在践行“厚德亲民、兼爱互利”的企业理念，通过提高客户的能力来提升客户的生活质量。如同公司董事长龙治普先生所说：“贷给客户一笔资金固然重要，而提升贷款者的能力以及生活质量更重要；赢利固然有价值，但担负崇高的社会责任更有价值。”因此，惠民公司在客户能力建设方面进行了大量投入。

惠民公司仍然沿用了原来孟加拉乡村银行小额信贷模式的中心会议制度，作为客户能力建设的抓手。为此，惠民公司制定了专门的考核办法，主要包括以下内容。

在参会情况方面，推广员（即信贷员）按时参加所负责每个村组的每次活动。

在跟踪服务方面，每月至少按 10% 的比例走访所服务范围内的信贷农户，在每个信贷周期内必须对所有的信贷农户进行至少一次的入户走访。

在村组活动室管理方面，每村组都必须有一处活动室，信贷员要监督各村组对活动室的设备、书报杂志进行妥善管理。

在科技应用方面，信贷农户参与小额信贷组织后，经营项目的科技含量要不断增加，推广员应做好宣传、指导工作。推广员积极组织文盲妇女结对学习，不断检查、督促、指导，每个信贷组员必须会写自己的名字。例如，考核指标规定，一年内应用科学技术的农户达到参贷农户的 20% 时此项考核得满 5 分，达到 10% 时得 3 分，在 5% 时以下时不得分。

在综合活动方面，推广员在农闲季节将各村组组织起来，充分调动组员的积极性参与综合活动，包括组织农户参加各种各样的文体活动竞赛等。

2011 年，惠民公司用于支持客户能力建设的费用达 47.77 万元，占公司当年操作费用的 14.66%。在活动设施投入方面，公司建成一级活动室 19 个、二级活动室 78 个、三级活动室 160 个。在文化艺术活动方面，公司按照“八个一工程”目标，完成文艺骨干培训 30 人，公司成立农民文艺宣传队 3 支，大组长轮训 370 人次，科技培训 980 人次，组织文艺节目近 500 个，仅“三八”妇女节进县城参加文艺表演的客户数量达 800 人，直接受益人口达 4 万余人。在实用技术培训方面，惠民公司购买了大量关于农业养殖、农业信息、科技发展等方面的报纸和书刊，每个村组的活动室都配备一定数量的报纸和杂志用于村组活动时学习用。

与此同时，惠民公司继续与职业中学合作，组织 613 名农村妇女参加了国家支农教育培训项目，每个参与学习的客户每年可以获得 1500 元的补助，为期 2 年。

惠民公司所提供的非金融服务，已经取得了显著成效也获得了社会认可。在 2011 年中国银行业协会（花旗集团）微型创业奖的评选中，有 1 名工作人员和 4 名贷款妇女获奖。2012 年，惠民公司获得中国银行业协会（花旗集团）微型创业奖的最佳普惠服务提名奖。

# 案例三　中和农信项目管理有限公司[①]

## 一　背景和发展历程

中国扶贫基金会成立于1989年3月，是一个以扶贫济困为宗旨的全国性社团组织，2007年被民政部评为AAAAA级基金会，目前是中国扶贫领域最大的社团组织。1996年，在国务院扶贫办的大力支持下，中国扶贫基金会开始实施小额信贷扶贫试点项目，专门为贫困农户提供无需抵押的小额信贷服务，以提升农户自立能力和增加农户收入。

2008年，中国扶贫基金会成立中和农信项目管理有限公司（以下简称中和农信），专门从事小额信贷扶贫事业，成为中国最大的公益性小额信贷机构，同时也成为一家典型的社会企业，也是非营利公司。

中和农信发展历程经历了以下四个阶段。

1. **模式探索**（1996～1999 **年**）

1996年，世界银行贷款秦巴山区扶贫项目启动，其中包括由中国西部人力资源开发中心在四川阆中和陕西安康实施的小额信贷试点项目。该项目计划通过小额信贷支持当地农户改善自我就业，增加现金收入，提高综合素质，增加脱贫致富的能力。这一阶段的小额信贷是项目形式。

2. **首次扩张**（2000～2004 **年**）

2000年，中国扶贫基金会全面接管中国西部人力资源开发中心的小额信贷项目，并组建小额信贷项目部，采用项目办形式管理业务。

① 在花旗微型创业奖调研报告的基础上修改而成，原作者为孙同全、宁爱照和亓宝华。

2001 年，国务院扶贫办下发文件同意中国扶贫基金会作为小额信贷扶贫试点单位，标志着中国扶贫基金会小额信贷扶贫试点正式获得国家认可。这一阶段仍然主要采用项目制形式。

3. **创新改制**（2005～2008 年）

从组织形式上看，这一时期可以分为两个阶段：基层的项目转制为民办非企业单位、总部管理层转制为项目管理公司。

2005 年，中国扶贫基金会提出由项目型小额信贷机构向机构型小额信贷转变的战略部署，先后在康平、左权、福安、霞浦、六枝等项目县将项目办注册成为民办非企业单位，称为农户自立服务社。2007 年，尚义、北票、朝阳农户自立服务社又相继成立。这样，中国扶贫基金会就形成了总部与分部两层组织结构（见图 8－6）。总部一级是中国扶贫基金会的项目部，分部是各县农户自立服务社。中国扶贫基金会作为农户自立服务社的投资和发起单位，管理各个服务社的业务，提供资金，指导业务，监督运行，并收取管理费。各县服务社作为独立的法人，在基金会的指导和监管下直接开展小额信贷业务。

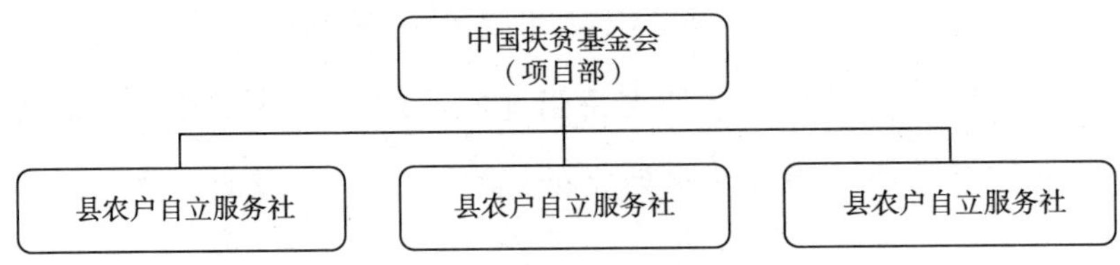


**图 8－6　中国扶贫基金会未改制时小额信贷组织框架**

2006 年，中国扶贫基金会获得国家开发银行授信 1 亿元，成为国内首家从银行获得批发贷款的小额信贷机构。2007 年，当年累计放款量首次突破 1 亿元，同时开始试点个人贷款产品。2008 年，中国扶贫基金会从渣打银行获得 2000 万元批发贷款，国务院总理温家宝与英国首相布朗共同出席签字仪式。

2008 年 11 月 18 日，中国扶贫基金会在小额信贷项目部的基础上建立了“中和农信项目管理有限公司”，在工商部门注册登记。2008 年底，中和农信第一家分公司在“5·12”汶川特大地震极重灾区四川省绵竹市成立。

这样，中和农信的组织结构就转变为总公司与分公司或县农户自立服务社（相当于子公司）的形式（如图 8－7）。中国扶贫基金会不再直接管理原下属的各小额信贷机构，而是作为中和农信的控股投资方，向中和农信派出董事长与总经理，就像穆罕默德·尤努斯教授所说的投资建立小额信贷机构的基金会。

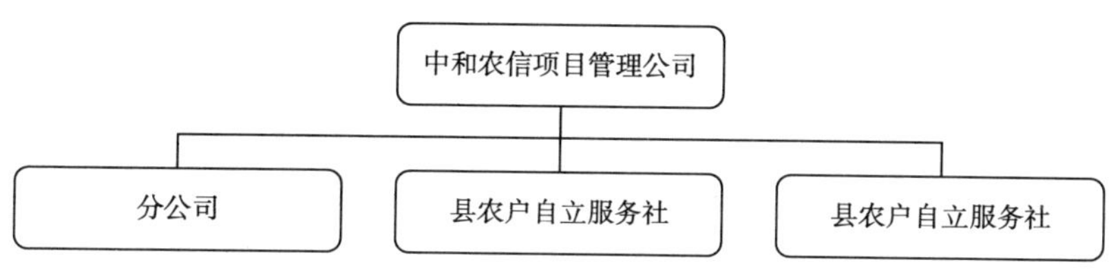


**图 8－7 中国扶贫基金会改制后小额信贷组织框架**

### 4. 专业转型（2009 年至今）

2009 年，中国扶贫基金会获得中国农业银行授信 2 亿元。2010 年，中和农信试行区域管理，分东北区域、华北区域、华南区域、西南区域，并更新网络版财务系统以及信贷追踪系统，迈入专业化管理的新时代。

2011 年，当年放款量突破 10 亿元，有效客户突破 10 万户。在规模迅速扩张的同时，中和农信提出全面风险管理的理念，组建了风险管理部，并且将自主研发的信贷追踪系统与中国人民银行的征信系统实现成功对接。这一年，中国扶贫基金会小额信贷部被国务院扶贫办授予全国扶贫开发先进集体，回良玉副总理为其颁发了“友诚扶贫科研成果奖”。

## 二 宗旨与目标

2008 年，中和农信确立了“助力微型创业者实现梦想”的机构宗旨，发展目标是为微型创业者提供信贷服务，提升微型创业者的自我发展能力，实现机构可持续发展。中和农信的基本战略是坚持为农村低收入人口服务，运用企业的高效管理手段，将公益与效益有机结合，成为一家不以赢利为目的的社会企业。所以，中和农信也可以称为一个非营利公司。

## 三 产权与治理结构

### 1. 股东情况

中和农信除了中国扶贫基金会是其最大股东之外，还有其他社会责任投资者参加。从 2006 ~ 2011 年的年度报告可以看到，中和农信成立之后实收资本量大幅增加，2008 年的增幅达到 90% 。到 2011 年底，实收资本已经比 2007 年底增长 6.6 倍（见表 8 – 5）。转制与中和农信股权资本的快速增长具有密切的相关性。

**表 8 – 5 中和农信实收资本变化（2006 ~ 2011 年）**

单位：万元，%

| 年份（年底） | 2006 | 2007 | 2008 | 2009 | 2010 | 2011 |
|---|---|---|---|---|---|---|
| 实收资本 | 2737.3 | 3340.3 | 5000 | 9500 | 14737 | 25378 |
| 年度增长量 | 603 | 1659.7 | 4500 | 5237 | 10641 | |
| 年度增长率 | 22 | 50 | 90 | 55 | 72 | |

资料来源：中和农信项目管理有限公司年报，http：//www.cfpamf.org.cn/ourhonor.asp？type =2。

### 2. 决策层与管理层

中和农信最高权力机构是董事会，董事长由中国扶贫基金会执行副会长担任。管理层实行总经理负责制，总经理由中国扶贫基金会副秘书长担任。由中国扶贫基金会人员担任董事长和总经理，对中和农信的业务不偏离扶贫宗旨和目标会起到保障的作用。

## 四　业务发展情况

### 1. 业务地域扩展

至 2011 年底，中和农信的分支机构遍布中国 13 个省（市）的 52 个县（市/区），近 1.4 万个行政村，2204 万人。其中，国定、省定贫困县 48 个。除了在北京的门头沟区成立了一家分支机构，其余 51 家分支机构全部位于农村地区。13 个省被分为 4 个区域，分别为华北、东北、华南及西南（见图 8－8）。

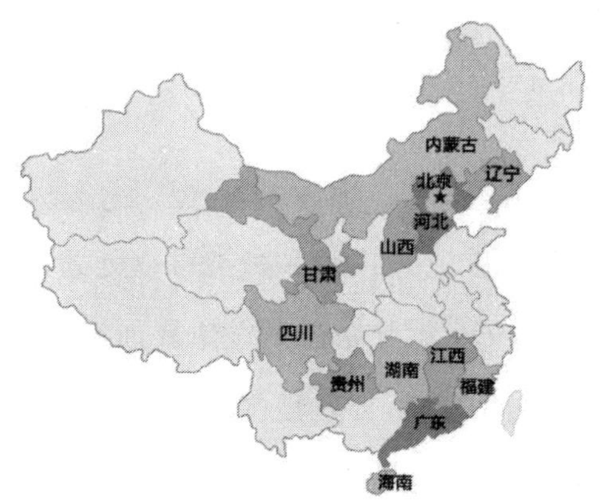


**图 8－8　中和农信小额信贷业务地域分布示意**

资料来源：中和农信项目管理有限公司 2011 年年报。

### 2. 信贷发放情况

2011 年中和农信共发放 111237 笔贷款，贷款总额达 1074256700

元，平均单笔贷款额度9657元，其中贷款笔数和贷款总额分别同比增长60.71%和88.76%。累积发放贷款365095笔，贷款总额达2340072500元，平均贷款额度为6409元（见图8-9）。中和农信在业务扩张的同时，还保持了良好的信贷质量。大于30天的风险贷款率（PAR）为0.61%。

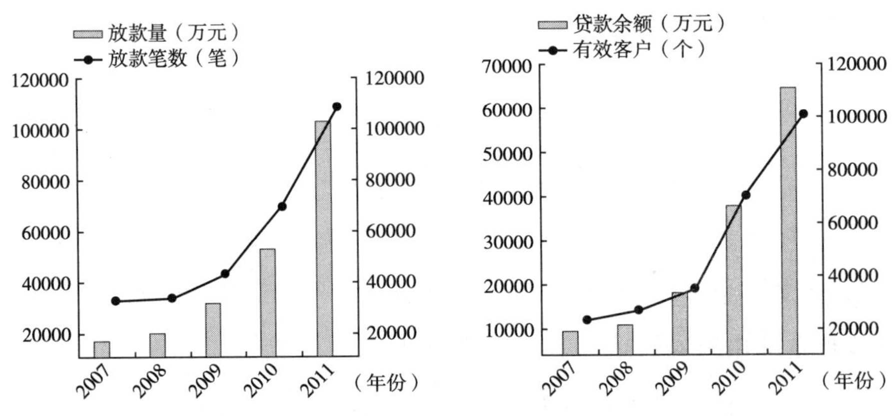


**图8-9 中和农信放款量、放款笔数、贷款余额和有效客户增长情况（2007～2011年）**

资料来源：中和农信项目管理有限公司2011年年报。

### 3. 信贷产品情况

中和农信的小额贷款业务按产品种类可以分为小组贷款和个人贷款两大类。小组贷款于1996年开始进行，主要面向已婚妇女，由4～5名妇女组成一个贷款小组。最高贷款额度为12000元，期限分为6个月和12个月两种，其中有2个月宽限期，利率分别为14%和11.5%。实际利率在18%～20%。

个人贷款从2007开始运行，最高额度达到5万元，北京分支机构最高提高到了20万元，无宽限期，期限最长24个月。6个月和12个月个人贷款利率分别为 13.6% 和 13.4% （支持四川灾后重建[①]的个人贷款利率优惠到 8%）。个人贷款的实际利率略高于小组贷款。以 2011 年为例，小组贷款占当年总放款额的 79%，小组有效客户占中和农信有效客户总数的 92%。

中和农信的金融业务创新，主要体现在以下几个方面。

创新设计理念：中和农信的服务群体是传统金融机构的“非优质客户”，没有抵押，风险大。针对这样的客户特征，小额信贷产品设计理念是不看客户现在的资产情况，而相信客户未来的还款能力与还款意愿。因此突破了传统金融机构的思维模式，开发了适合中国农村的无抵押、五户连保模式。

自动瞄准机制：为了确保真正贫困农户能够获得贷款，在小组贷款的产品设计中，采用了贷款额度小（12000 元以下）、非优惠利率（略高于银行利率）、五户连保、现场集中发放和整贷零还等基本规则，有效地降低了非贫困农户贷款的可能性。

信用升级制度：中和农信小组贷款产品设计中，将初次贷款客户评定为一级客户，贷款额度为 8000 元以下；按时还款、信誉良好的客户再次贷款可以获得 12000 元以下的贷款。通过信用升级制度，可以促使农户积极还款，并培育农户的信用意识。

贴近农户的上门服务模式：中和农信始终坚持“当地人服务当地人”的用人理念。在地方的分支机构完全实现本土化管理，招聘当地

---

① 2008 年“5·12”汶川大地震给灾区百姓的生产生活带来了毁灭性打击。基于对小额信贷理念的充分理解，以及多年从事小额信贷的实践经验，中和农信在大地震的重灾区四川绵竹、什邡和德阳先后启动了灾后重建小额信贷项目，项目区全部采用的是个人贷款产品，并实行了相对优惠的利率。

员工，每个乡镇设立信贷员，采用上门服务的方式，最大限度地便利农户获得贷款，实现了农村金融“最后一公里”的畅通。

此外，中和农信以扶持农户发展生产，改善生活为宗旨，与传统金融机构不同，在提供方便快捷的小额信贷服务的同时，还提供多样化的非金融服务，构成了一个社会企业独特的服务模式。

中和农信的非金融服务是通过信贷员或分支机构请来的专家直接进行，有的也通过扶贫基金会进行。非金融服务包括农业技术、经营管理、信息技术、健康知识和公民权利等方面的咨询和培训。

**4. 免费保险服务**

通过与中国人寿合作，自 2009 年起中和农信开始引进商业保险，向所有贷款农户赠送“定期寿险”，当农户发生意外的时候，可以免除其剩余债务，降低农户的还款压力。2011 年 12 月 31 日，中和农信累计为 194258 人次投保，有 100 个家庭享受保险理赔。

**5. 非金融服务**

非金融服务是指在信贷或保险等服务之外，针对信贷对象或者组织目标指向的社会弱势人群提供能提高他们能力或福利水平的公益活动。中和农信成立后仍然保持原来中国扶贫基金会小额信贷项目部的非金融服务活动。这也可以体现中和农信的社会企业特色。这些服务活动主要包括以下几个方面。

（1）农业技术培训——增强客户创业能力。

小额信贷大部分贷款农户都从事农业生产，根据各项目区当地的农事特征，中和农信免费提供多样化的农业技术培训。2009 年，中和农信共组织开展农业技术培训 1526 场，接受培训人数达到 13975 人次；2010 年，中和农信共组织各类培训 1741 场次，接受培训人数达到

19618 人次；2011 年，中和农信共向客户免费发放图书等实用技术资料 1 万多册，接受培训人数近 2 万人次。

（2）农村金融教育——提升客户金融意识。

2011 年 8 月，中和农信小额信贷农户信息正式对接中国人民银行征信系统，所有贷款农户的交易记录都被导入征信系统，10 多万在正规金融机构没有贷款记录的客户一下子有了自己的征信记录。同时，正式开始贷前征信查询，为避免客户出现过度负债，机构组织全体员工认真学习征信知识，更好地服务于客户。

中和农信向所有客户免费发放征信相关知识材料 20 多万份，各分支机构通过不同的活动方式向贷款客户宣传和普及征信知识。机构还通过宣传品介绍人民币真伪识别方法，提醒客户注意短信诈骗等欺诈行为，防止客户上当受骗。

（3）中和基金——关爱客户。

2010 年中和农信成立内部互助基金——中和基金，为家庭困难的客户和员工提供慰问金。中和基金体现了中和农信员工的互助精神，传递了公司对客户的关爱理念，得到了机构员工的踊跃参与，以及受资助客户的衷心感谢，已成为具有中和农信特色的企业文化传统。

2011 年中和基金共募集 32.6 万元，共向 13 名客户提供资助 10 万元。

## 五 社会绩效管理

作为一个社会企业，社会绩效管理是题中应有之义，中和农信特别制定了社会绩效管理战略和各项措施。

1. **员工培训**

中和农信的员工培训活动分为新员工入职培训、综合能力培训、专业技能培训、外派学习考察和员工自我学习五大类。中和农信每年都会组织开展大量的各种形式的培训，并建有“和信培训基金”，支持各部门邀请外派专家给部门员工授课，也可支持员工自主参加与本人岗位相关的外部培训课程。

2010 年，中和农信输送 28 人次参加外部培训，举办 847 场次内部培训，并在国际金融公司（IFC）、花旗基金会等机构的支持下，邀请国内外专家提供各个领域的咨询与培训。2011 年，中和农信共组织大型培训 51 次，其中针对新员工的集中入职培训 18 次，日常业务培训 27 次，国内考察学习 2 次，国际考察学习 4 次。同时还有各个分支机构每月对员工进行日常业务技能培训，累计培训达 2000 多人次。

2. **客户培训**

中和农信在提供方便快捷的小额信贷服务的同时，还提供多样化的非金融服务，构成了一个社会企业独特的服务模式。

中和农信的非金融服务是通过信贷员或分支机构请来的专家直接进行，有的也通过扶贫基金会进行。非金融服务包括免费农业技术、经营管理、信息技术、健康知识和公民权利等方面的咨询和培训。

2009 年中和农信引进商业保险，向所有贷款农户赠送“定期寿险”，当农户发生意外的时候，可以免除其剩余债务，降低农户的还款压力。2011 年 12 月 31 日，中和农信累计为 194258 人次投保，有 100 个家庭享受保险理赔。

3. **客户满意度调查**

2011 年 5 月，中和农信首次在全国范围内通过电话回访形式开展客户满意度调查。调查结果显示，95%以上的客户对所提供服务非常满意。

**4. 客户保护与投诉渠道**

中和农信没有参与客户保护公约签约。客户投诉渠道方面，建立了包括录音电话、电子邮件、网站留言和邮递信函等形式多样的客户投诉途径，并制定了完善的投诉处理机制。在公司网站，以及各种直接发放给客户的宣传品（包括客户卡、宣传单和海报等）上公开公司的投诉渠道和方法。2011年，公司共收到4起客户投诉，均已得到妥善解决。

**5. 社会绩效内部审计与考核**

2011年，中和农信组建社会绩效工作小组，将社会绩效管理正式纳入公司治理结构，每半年向董事会提交社会绩效报告。在制定各项管理政策的时候，将社会绩效放在首位考虑。每月公开项目的运营情况，做到公开透明。在内部管理方面，通过多样化的企业文化建设，向员工倡导社会责任的理念，为农民提供周到、细致的服务。2011年8月，法国沛丰评级机构（Planet Rating）对中和农信进行了全面的社会绩效评估。评估小组实地走访了4家分支机构，并与总部所有部门以及外部审计机构进行座谈讨论。经过沛丰评级机构的综合评估，中和农信的社会绩效评估值为3分，处于国际标准的中上水平。

**6. 业务发展**

截至2012年6月30日，中和农信小额信贷覆盖全国13个省的53个县，其中大部分是国家级、省级贫困县，共有贷款余额7.7亿元，有效贷款农户116108户。2009年以来，中和农信累计贷款客户数、农户贷款客户数和女性贷款客户数年均增长都在60%以上。2011年，累计贷款客户数为97246户。其中，农户和妇女客户占绝大多数，如图8-10所示。

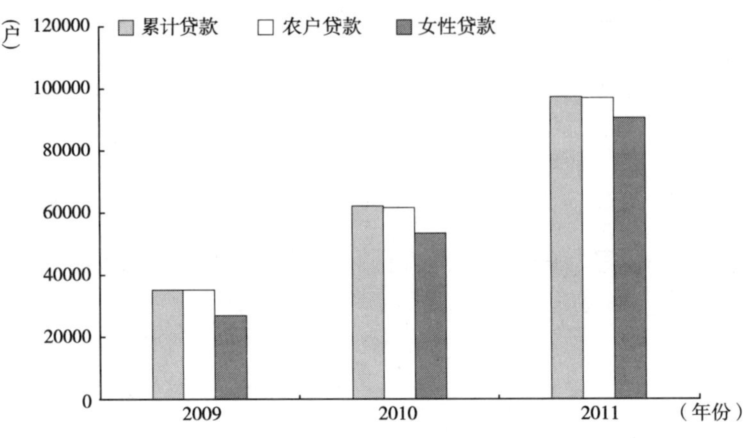


**图 8 - 10　中和农信客户分类情况（2009 ~ 2011 年）**

资料来源：根据中和农信项目管理有限公司年报整理，http：//www. cfpamf. org. cn/ourhonor. asp。

中和农信发放单笔贷款额度大部分在 1 万元以下，之后是 1 万 ~ 2 万元额度，2011 年单笔贷款额度 1 万元以下客户与贷款笔数占比均为 71%（见图 8 - 11）。

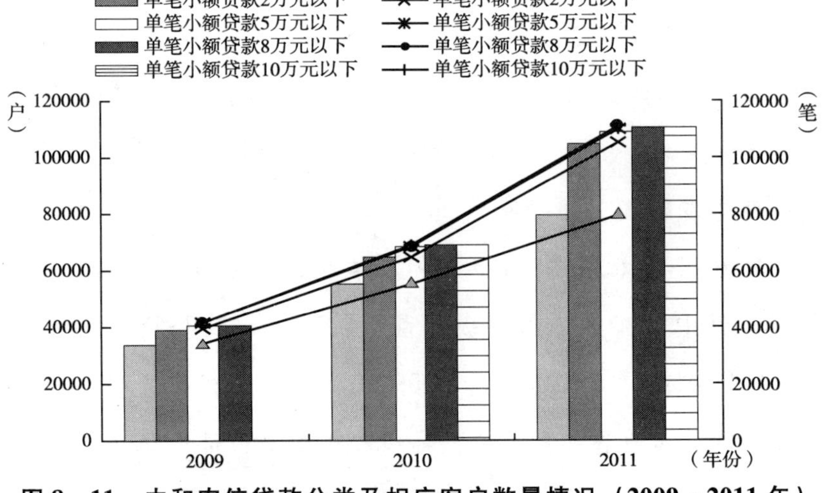


**图 8 - 11　中和农信贷款分类及相应客户数量情况（2009 ~ 2011 年）**

资料来源：中和农信项目管理有限公司 2011 年年报，http：//www. cfpamf. org. cn/fd_ upimg/product/file/2012 - 4/20124271693738529. pdf。

## 六　人力资源管理

截至2011年底，中和农信共有650名员工，其中91%为县级以下基层工作人员，员工保留率在99%左右。

中和农信各分支机构人员都在当地公开招聘。他们来自于当地农村，学历不高，但熟悉农村，能力强，特别是基层信贷员都是当地农民，而且大多是30岁以上的已婚妇女。通过一系列的业务培训和技能培训，这些妇女的工作能力和综合素质都得到极大的提升，逐渐成长为优秀的农户信贷员。

中和农信的员工中，女性员工占总员工的49%，管理层的67%。同时，25%员工是少数民族。全员都根据相关法律法规缴纳社会保险，及其他附加险（医疗、失业、工伤等），保费由公司承担。此外，所有员工每年会由公司安排一次体检。

# 案例四　内蒙古自治区赤峰市昭乌达妇女可持续发展协会[①]

## 一　概况

赤峰市昭乌达妇女可持续发展协会（以下简称赤峰协会或协会）是根据相关法律和社团管理条例成立的一个非营利性的社团法人，是由内蒙古赤峰市妇联和中国国际经济技术交流中心联合发起创办的，于2001年1月5日在民政部门注册，主管部门是赤峰市妇联，现有6000多名会员。

---

① 原调研报告作者为孙同全、陈方。

赤峰协会宗旨是利用国内外资金和其他支持，为本地区广大妇女特别是贫困妇女提供资金、技术、法律、教育、市场信息等方面的服务，建立农户自助组织，促进本地区社会、经济、环境、妇女的可持续发展。协会目标是把协会建设成自主经营、自负盈亏、自我发展、运作规范、管理科学的，能够长期为广大妇女特别是贫困妇女服务的小额信贷机构。

赤峰协会目前主要开展的业务活动包括小额信贷扶贫、妇女发展、儿童救助、救灾等社会发展项目。

## 二 发展历程

1997 年，赤峰市妇联在第四次世界妇女大会在北京召开之际，争取和实施了由联合国开发计划署（UNDP）援助、中国国际技术经济交流中心执行的“内蒙古扶贫与妇女参与发展项目”，项目金额 100 万美元。项目包括三部分，其中，小额信贷扶贫是核心部分，安排了 40 万美元的贷款循环金。1998 年 11 月，小额信贷部分开始启动，1999 年 1 月 7 日开始放款，到 2000 年底项目结束时，已放款 451 万元，还款率为 100%。

2001 年，联合国开发计划署和中国国际经济技术交流中心又执行了“可持续的小额信贷扶贫项目”（SMAP），赤峰被选为四个项目点之一。与一期项目相比，SMAP 项目不提供本金，只提供技术支持，更多地关注机构建设，关注小额信贷的可持续发展，实现了从项目到机构的转变，成立了赤峰市昭乌达妇女可持续发展协会，专门运作和管理小额信贷工作。

从 2002 年开始，由于协会卓有成效的工作，协会得以争取到多种渠道的资金，信贷资金和其他公益项目资金不断增加，业务量和业务范围不断拓展。这些年期间，协会获得的主要资助情况如下。

已执行项目：

（1）UNDP 内蒙古扶贫与妇女参与发展项目（1997～2000 年）。

（2）UNDP 可持续的小额信贷扶贫项目（2001～2004 年）。

（3）日本政府小额信贷扶贫项目（2002～2004 年）。

（4）孟加拉乡村银行信托基金小额信贷项目（2003～2004 年）。

（5）全国妇联小额信贷项目（2006 年）。

（6）美国格莱珉基金会项目（2007～2009 年）。

（7）世界银行流动小书屋项目（2008～2009 年）。

（8）美国扶贫济困基金会小额信贷项目。

（9）世界银行、日本世川财团支持的能力建设等项目。

正在执行的项目：

（10）李连杰壹基金小额信贷保险项目（2010 年至今）。

（11）赠予亚洲能力建设项目（2010 年至今）。

（12）中德合作小额信贷发展项目（2010 年至今）。

（13）美国我开公司小额信贷项目（2008 年至今）。

（14）我们的自由天空（OFS）公益助学项目（2010 年至今）。

在以上项目的支持下，赤峰协会的小额信贷业务量不断扩大，其他公益项目范围不断增加，人员能力不断提高，协会已经走上了良性发展的轨道，成为中国最成功的 NGO 小额信贷机构之一。

## 三　治理结构和人员结构

### 1. 治理结构

赤峰协会实行理事会领导下的秘书长负责制。会员代表大会是协会最高权力机构；理事会是协会决策机构；秘书处是协会执行机构，秘书处下设3个旗县办事处。组织结构如图8－12所示。

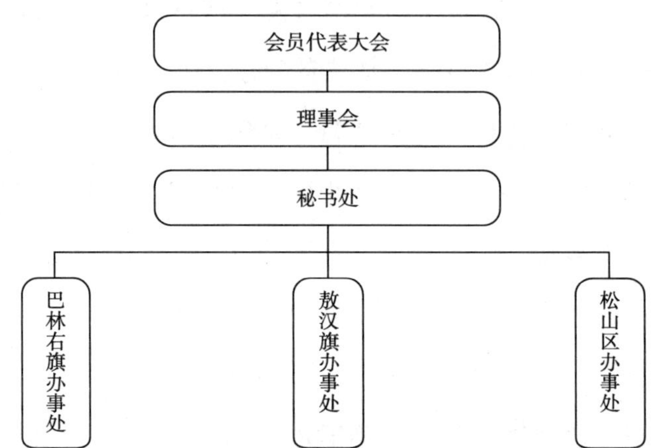


**图8－12　赤峰昭乌达妇女可持续发展协会组织结构**

资料来源：赤峰昭乌达妇女可持续发展协会提供。

赤峰协会法律形式是社会团体，但由于是在捐赠资金的基础上由准政府机构建立的，而不是由会员发起建立的，捐赠资金是独立的信托财产，所以，协会在法律性质上应该属于财团法人，而不应该是社团法人。协会的会员代表大会是形式上的，符合法律要求，但不真正发挥作用。理事会倒是实实在在发挥了一些作用。

在我国，许多社团形式的小额信贷机构的理事会都形同虚设，主要原因包括理事会成员主要由当地领导组成，为的是争取他们的支持，但是这样的缺点是他们不熟悉小额信贷业务，没有时间理会小额信贷机构的事务。这样的结果常常是小额信贷机构的管理层几乎完全主导了机构的一切事务，很难形成有效的治理结构。

赤峰协会的理事会则有所不同，理事长是赤峰妇联主席，而不是难以有时间关注小额信贷业务的政府领导，其他理事还包括中国国际经济技术交流中心的主管官员和中国社会科学院农村发展研究所的一名德高望重的研究员担任独立理事。这些理事都是小额信贷事业的密切利益相关者和业内专家。而且，协会的管理层都是原来赤峰妇联的中层工作人员。理事长对他们有权威性，能够发挥有力的督导作用。理事会一年召开一次会议，讨论协会的重大事务，比较正常地发挥作用。这种情形在目前国内的公益性小额信贷界是不多的。

2. **工作人员**

截至 2011 年 5 月，赤峰协会有 32 名工作人员，其中研究生学历两人，大专以上学历 14 人，经过多年的系统培训和实际锻炼，他们具有了较高的理论水平和丰富的实践经验，具有较强的项目管理和执行能力。这种人力资源状况在国内也是不多见的。国内大部分公益性小额信贷机构都在为人员素质较低而苦恼。

## 四 主要做法

1. **小额信贷模式**

赤峰协会在开展小额信贷扶贫时主要借鉴了孟加拉乡村银行模式，即 GB 模式，并根据赤峰市的实际情况进行了积极的调整，初步形成了自己的特点：贷穷不贷富；贷女不贷男；贷短不贷长；不用抵押；小组联保；整借零还；强制储蓄；中心会议；可持续利率；项目自选；技术培训；严格纪律等。几年的实践证明，这种模式可以使低收入家庭和贫困家庭更容易得到贷款，更容易降低农户一次还款的压力，降低信贷资金的风险，提高贷款质量，减少拖欠，提高资金的使用效率，提高贷款的回收率。

2. **机构建设**

机构建设是小额信贷实现可持续发展的基础，关系到能否长期为贫困地区服务的问题，所以赤峰协会给予了高度重视，并采取了一些必要的措施。

首先，在项目的基础上成立协会是致力于机构建设、寻求可持续发展之路的标志，在此基础上才逐步走上良性发展轨道。

其次，赤峰协会着力加强人力资源的开发，建立公开、透明、竞争的用人机制，坚持公开、公正、公平、择优的原则和笔试、面试、考核、试用、录用的用人程序。在人员聘用之后，加强对员工的培训。协会除了自己开展培训外，还鼓励员工自学，并积极争取各种外部培训资源，让员工接受高层次的培训。自协会成立以来每年有 20 人次左右到外地接受高层次培训。这种选人、培养人的做法对赤峰协会建立一支高素质员工队伍发挥了重要作用。

最后，建立务实、积极、有效的激励机制。本着奖惩结合、眼前利益与长远利益相结合的原则，赤峰协会制定了合理的工资结构、养老保险制度和有利于员工发展的绩效评估体系。

**3. 贷款管理和内控系统**

在多年实践和国内外专家的指导下，赤峰协会制定了科学合理的业务管理体系。其管理指导思想是：①贷款必有风险思想；②全面信贷质量管理思想；③“没有不好客户，只有不好机构”的思想。在此基础上，协会制定了贷款管理策略：①预防为主；②夯实基础工作。

在这样的思想和管理策略指导下，赤峰协会制定了具体的管理原则，指导实际工作。①管理人员“三到位”原则。即小额信贷中心组建完毕后，管理人员必须到位审核；第一次放款时，管理人员必须到位监督放款；第一次收款时，管理人员必须到位协助收款。②审、贷、收分离原则。即贷款审核由管理人员审核；放贷由信贷员和管理人员一起放贷；

收贷由信贷员来收，防止整个运作过程中由一个人独立完成。③“九不贷”原则。这是从实践中总结出来的，具体是：不是本地户口的不贷；民政救济户不贷；家庭不和的不贷；户主不同意的不贷；超过年龄的不贷；没有生产项目的不贷；信誉不好的不贷；家有重病的不贷；长期不参加中心会的不贷。④内外审结合原则。协会在配合做好外部审计的同时，每年做好两次内部审计，把风险控制在萌芽状态。⑤贷收两条线原则。贷款和收款使用不同账户，防止出现坐支、挪用等违规情况。

在国内外专家的指导下，赤峰协会建立并不断完善信息管理系统，制定了符合国际标准的会计制度和贷款管理报告系统，编制了“会计手册”和“贷款管理报告指南”。依托这个信息管理系统，协会能够及时发现并校正存在的问题，从而有效地控制风险。

这些年来，赤峰协会不断完善管理制度，制定了近 30 项规章制度并严格执行，形成了靠制度管理人员、靠制度管理项目、靠制度管理小额信贷的格局。这种制度是在比较合理的治理结构基础上，靠主要管理人员以身作则，严格执行制度而形成的，为赤峰协会小额信贷多年的健康发展提供了重要保障。

4. **筹资**

筹资一向是 NGO 小额信贷机构工作的重中之重，甚至是机构持续发展的生命线。赤峰协会非常重视小额信贷资金的筹集工作，主要管理人员对各种捐赠信息和机会非常敏感，积极主动地争取，而且凭借协会良好的治理结构、多年来优异的业务成绩和积累的人脉资源，协会总是能够得到各种支持。

在最初 UNDP 援助的 330 万元基础上，赤峰协会先后从国内外各类组织争取到约 1000 万元信贷资金，加上协会自身积累的 300 多万元，总资产达到1300多万元（见表8-6）。2004~2010年，赤峰协会在各方的支持下，经过长期艰苦磋商，终于争取到德国复兴银行（KFW）的支持。德方提供200万欧元（合计2000万元人民币）援助资金，其中1000万元人民币是无偿援助资金，用于协会机构和能力建设，另外1000万元人民币为低息贷款，用作小额信贷循环金，年利率0.75%，还款期40年。这项资金对赤峰协会的长远发展将发挥重要作用。不断增长的信贷资金不仅使协会不断扩大业务量，提高了自身可持续发展能力，而且扩大了服务低收入人口的能力，使小额信贷扶贫事业提高了可持续发展能力。

**表8-6 协会信贷资金状况（截至2011年5月底）**

单位：万元，%

| 资助机构 | 年份 | 金额 | 性质 | 比重 |
|---|---|---|---|---|
| 联合国开发计划署 | 1999 | 330 | 长期负债 | 23.80 |
| 日本使馆 | 2002 | 130 | 权益 | 9.37 |
| 格莱珉信托基金 | 2003 | 69 | 权益 | 4.97 |
| 全国妇联 | 2006 | 70 | 负债 | 5.04 |
| 格莱珉基金会 | 2007 | 300 | 长期负债 | 21.60 |
| 美国我开公司 | 2008 | 119 | 权益 | 8.57 |
| 壹基金 | 2010 | 50 | 负债 | 3.6 |
| 积累等 | | 320 | | 23.00 |
| 合计 | | 1388 | | 100 |

资料来源：赤峰昭乌达妇女可持续发展协会提供。

除了小额信贷资金之外，赤峰协会还争取资金开展其他公益活动。例如，赤峰协会得到世界银行和香港爱心人士的捐助，建立了8个流动小书屋，提供图书借阅服务。此外，赤峰协会还争取到李连杰壹基金100万元的资助金，开展了小额保险业务的试点。这不仅是对小额信贷业务的重要补充，而且也将对我国农村金融产品创新发挥重要的试验作用。

## 五　成绩

### 1. 信贷业务

到 2010 年底，赤峰协会已累计放款 1.45 亿元，贷款余额 1173 万元，还款率 99.97%，累计有 2.4 万多户，近 10 万多口人受益。现在协会有敖汉、巴林右、松山 3 个分支机构，在四个旗县区的 8 个乡镇开展小额信贷扶贫。近几年，赤峰协会的操作自负盈亏率稳定在 100% 以上，2010 年达到 116.76%，国内外组织提供的资金不但没有萎缩，还有了 100 多万元的增值，为实现小额信贷的可持续发展打下了一定的基础。

**表 8－7　赤峰协会信贷业务状况（2000～2008 年）**

| 年份 | 2000 | 2001 | 2002 | 2003 | 2004 | 2005 | 2006 | 2007 | 2008 |
|---|---|---|---|---|---|---|---|---|---|
| 服务客户数（位） | | | 3268 | 3764 | 3541 | 3335 | 3193 | 3128 | 3331 |
| 期末贷款余额（万元） | 137.28 | 192.06 | 294.96 | 366.69 | 439.94 | 490.54 | 619.81 | 762 | 828 |
| 每个信贷员客户数（位） | 150 | 256 | 272 | 234 | 244 | 208 | 219 | 209 | 222 |
| 借出单位资金成本（元） | 0.21 | 0.049 | 0.05 | 0.05 | 0.05 | 0.05 | 0.04 | 0.04 | 0.05 |
| 运营资产回报率（%） | 5.9 | 8.96 | 9.72 | 9.55 | 9.78 | 12.2 | 11.33 | 12.1 | 13.1 |
| 操作自负盈亏率（%） | 49 | 91 | 102.1 | 101 | 102.7 | 109.82 | 121.61 | 125 | 117 |
| 拖欠率（%） | 0 | 0 | 0 | 0.16 | 0.52 | 0.46 | 0.06 | 0 | 0 |
| 风险贷款率（%） | 0 | 0 | 0 | 0.74 | 0.52 | 0.46 | 0.06 | 0 | 0 |

资料来源：赤峰昭乌达妇女可持续发展协会提供。

赤峰协会的信贷业务质量总体上是逐年稳步提高的，这在国内NGO小额信贷机构中是不多见的（见表 8－7 和图 8－13）。

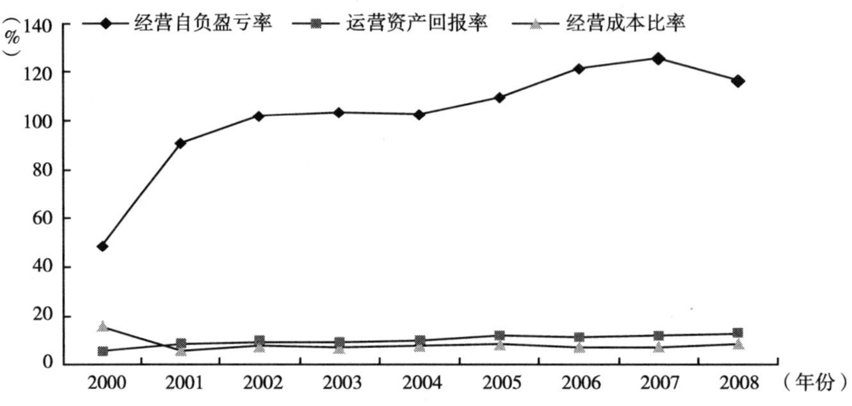


**图 8－13 赤峰协会经营状况变化（2000～2008 年）**

资料来源：赤峰昭乌达妇女可持续发展协会提供。

### 2. 农户收入

据赤峰协会 2002 年调查，贷款户中有 96% 的经济收入有了不同程度的增加，平均每户增收 1435 元，人均增收 367 元。尽管可能存在统计方法上的问题，但是与其他各类机构总结的同类数据相比，赤峰协会的这个数据还是比较保守的，可信度较高。

### 3. 社会效益

赤峰协会的小额信贷扶贫实践起到了多方面的社会效益。首先，提高了妇女素质，促进了妇女发展。这表现在借款户妇女：①增强了自信心；②转变了传统观念；③提高了家庭地位；④发挥了团结互助精神；⑤无私奉献精神得到弘扬。由于妇女的变化带来家庭的变化，进而促进了社区的发展。其次，为政府扶贫和农村金融改革提供了一些有益经验。最后，锻炼了妇联干部，提高了妇联的知名度，推进了妇联组织工

作机制的创新和发展

### 4. 荣誉

几年来，赤峰协会多次受到有关部门的表彰。2004 年协会被民政部授予全国先进民间组织称号；2006 年协会获得中国银行业协会（花旗集团）微型创业奖评选优秀机构奖；2004 年小额信贷户代表阿拉坦其木格得到联合国秘书长安南的接见；2006 年协会代表得到了世界小额信贷之父、诺贝尔和平奖获得者尤努斯教授的接见；2007 年协会被自治区民政厅授予全区先进民间组织称号，秘书长和副秘书长被中国国际经济技术交流中心评为优秀小额信贷经理和优秀管理人员；2009 年协会被全国妇联授予全国三八红旗集体荣誉称号；2005 ~ 2009 年，协会有 4 名工作人员、5 名贫困妇女获得全球微型企业创业奖或中国银行业协会（花旗集团）微型创业奖。赤峰协会还成为中国小额信贷发展促进网络和中国民间组织合作促进会的理事单位。

## 六　面临的困难和问题

在外在的环境方面，国家关于 NGO 小额信贷的政策法规缺乏，对机构的发展还是有较大的负面影响。例如，德国复兴银行的援助项目之所以谈了五六年之久，围绕着 NGO 组织借贷方面的各种法律障碍是其中的重要原因。在机构的治理结构方面，组织形式与机构的法律实质还不是很相符，如前所述，会员代表大会不具有实质意义。此外，资金规模还比较小，机构的自负盈亏能力还不够强大。由于过于重视机构信贷质量的提高和机构自身的可持续发展，对借款妇女的培训工作有所放松，影响了妇女素质提高和贷款使用效果。

面对国内外 NGO 小额信贷机构的商业化浪潮，赤峰协会仍然倾向于保持 NGO 的组织形式。虽然 NGO 形式对筹资造成了一定影响，但是小额信贷市场仍然有许多社会责任投资者和发展金融机构，只要治理机构合理、机构能力强、业务质量出色，就能够不断筹集到资金，而且作为非营利组织，可以得到各方面的支持。如果转制为商业性机构，那么，首先机构的税务身份将发生变化，这会对小额信贷业务造成很重的负担。其次，机构的股份结构可能发生巨大变化，妇联和协会所代表的公益资金的股份比例可能会大幅下降，那样，妇联可能将会失去主导地位，机构能否继续坚持服务贫困妇女的目标，将成为一个巨大的未知数。最后，股权结构的变化，很可能影响现有管理层的稳定。如果发生变化，如何合理评价和补偿现有管理层所作出的贡献是不确定的。所以，妇联和现有管理层都不愿进行商业化改制，而是尽力在 NGO 的组织形式下将小额信贷业务做好。但是，目前正在进行的德国复兴银行的援助项目有一个商业化改制的目标，能否改，如何改将是赤峰协会面临的一个巨大挑战。

## 七　启示

### 1. 外在环境的支持

在我国，各级政府部门的支持往往是事业健康发展的必要条件。所以，赤峰妇联和协会一直积极争取各级党委政府的支持，充分发挥妇联组织的网络优势。各级党委政府在组织协调、人员等方面提供大量支持的同时，支持协会按照管理手册独立开展业务，不干预小额信贷机构的具体运作和管理。各级妇联在筹资、优化环境、社区动员、宏观指导、新闻宣传等方面发挥了重要作用，做了大量卓有成效的工作，保证了小额信贷的健康发展。

### 2. 独立的专业化机构

小额信贷的专业化操作是可持续发展的基础。小额信贷只有实现可持续发展，才能长久地为更多贫困妇女服务。而实现可持续发展的基础是实现机构的可持续发展，只有功能独立、财务独立和管理独立的机构，才能按照企业化管理的原则运作和管理小额信贷，才能吸引更多的投资者和捐助者，才能吸引更多的人才，才能真正实现可持续发展。

### 3. 扶贫与妇女发展相结合

扶贫与妇女发展相结合是小额信贷生命力所在。小额信贷是因扶贫而产生，妇女发展是妇联的核心工作，二者相互促进、共同发展。如果离开了扶贫与妇女发展，妇联组织开展的小额信贷就失去了存在的价值。

### 4. 培育公信力

用好国内外组织提供的资金是最好的宣传。赤峰协会对待每一个资助项目都非常认真负责，力争使每一个项目都成为援助机构的样板项目。这样，赤峰协会在国内外树立了良好的形象，引起了国内外投资者的关注。协会非常重视外部审计工作，每年都申请到两次以上的外部审计，在改进小额信贷管理的同时，还因外部审计的鉴证作用增强了投资者的信心。

### 5. 培养人才

训练有素、认真负责的员工队伍是做好小额信贷的主体力量。在中国小额信贷还属于相对新鲜的领域，在人才市场上很难找到现成的小额信贷方面的人才，如何培养更多、更好的小额信贷工作人员始终是小额信贷机构的重要工作。协会经过这些年的发展，培养了一批思想品德优秀、业务素质高、敬业精神好、事业心强的工作人员，正是他们的努力工作，推动了小额信贷工作的发展。

# 案例五　定西市安定区民富鑫荣服务中心①

## 一　背景和发展历程

定西市安定区位于甘肃中部，距省会兰州100公里，属黄土高原丘陵沟壑干旱半干旱地区。全区总人口48万人，面积3638平方公里。境内自然条件严酷，经济基础薄弱，十年九旱，历来是国家“三西”扶贫重点县（区）之一。

1996年安定区被联合国开发计划署确定为《甘肃省通过雨水集流和可持续农村发展扶贫项目（简称UNDP项目)》实施区，项目共投入小额信贷循环资金275.31万元，国家计委投入配套资金100万元，共同用于项目的实施工作。项目实施以来，在6个乡镇，32个村开展了“121”雨水集流工程建设，累计发放贷款887万元，受益5483户，解决了10290头（只）家畜的饮水问题。2001年定西又被联合国开发计划署列为“可持续的小额信贷扶贫项目”重点示范区，通过为期四年项目实践，进一步规范了小额信贷扶贫的管理。

为了探索非政府组织小额信贷扶贫开发，拓展民间组织扶贫渠道，2003年，在地方政府的支持下登记注册成立了“定西市安定区城乡发展协会”（以下简称协会)，召开了第一届会员代表大会，通过了协会章程，选举产生了第一届理事会及相关工作人员，成立了独立的法人机构，配备了专职工作人员。制定了一系列规章制度，建立了内控机制，重新选定了项目区域和目标人群，按农村和城市不同实际设计了四种信

① 根据中国国际经济技术交流中心提供资料整理。

贷产品，开展了信贷管理、农业科技知识等方面的一系列培训。

通过管理方式的改革，政府的职能由主导性变为服务性，参与而不干预，理顺了政府与协会的关系，建立了和谐的信贷关系，提高了工作效率，降低了风险。自协会成立至2007年10月四年多时间，累计发放贷款8290户，1854.85万元，累计还款率为100%；不但降低了小额信贷的风险，而且极大地支持了农户的生产生活。

项目执行开始到协会成立以来，小额信贷发展的主体基本是国际援助项目。在无偿援助资金急剧减少的情况下，这种模式的小额信贷难以为继，前景暗淡。为了扩大信贷规模，建立可持续的小额信贷机构，经中国国际经济技术交流中心（以下简称交流中心）与协会协商，于2007年10月成立了定西市安定区民富鑫荣服务中心（以下简称服务中心）。

## 二　组织机构

根据服务中心章程，理事会为最高决策机构，理事会由股东各方推荐的代表组成。经理由理事会选聘，负责服务中心的日常运作（见图8－14）。

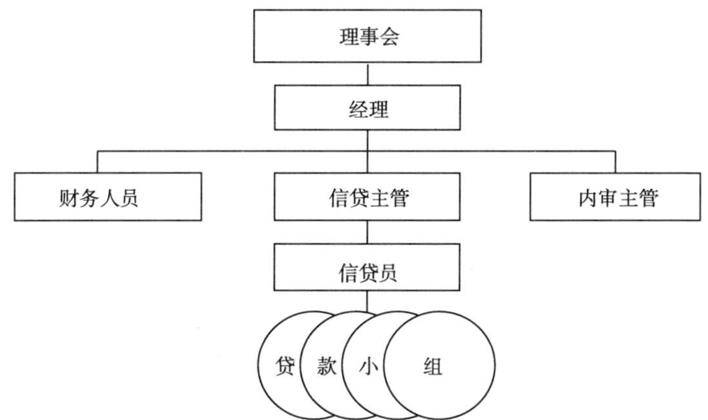


**图8－14　定西市安定区民富鑫荣服务中心组织结构**

资料来源：中国国际经济技术交流中心。

## 三　宗旨和目标

服务中心的宗旨和目标是遵守国家宪法、法律、法规和国家政策，遵守社会道德风尚，为广大城乡客户提供小额信贷和相关的技术、培训、信息等方面的优质服务，促进当地贫困和低收入人口发展生产、增加收入，创造良好的社会效益，促进当地经济的繁荣与发展。

## 四　业务范围

第一，小额信贷和与之相关的业务。

第二，技术培训和信息服务。

第三，其他相关业务。

## 五　产品及服务

根据当地的服务对象和市场特点，服务中心在专家的帮助下设计了6种产品（见表8-8）。

## 六　资金使用

服务中心的资产和收入由章程规定，必须用于服务中心的业务范围和事业的发展，盈余不得用于分红。根据国家有关法律规定、合作协议和协会工作需要安排资金使用，主要包括以下内容：工作人员报酬；行政开支业务开支；项目活动支出；支付合作单位有关费用；偿还借贷资金本息；设备购置等；各项基金：根据国家规定，中心将从经费中提取用于业务发展的各项公基金（包括发展基金、福利基金等）以及用于支持扶贫和乡村发展项目的专项基金。

**表 8－8 定西市安定区民富鑫荣服务中心信贷产品**

| 产品分类 | 主体产品 | | | 个人担保贷款 | | |
|---|---|---|---|---|---|---|
| 实施区域 | 凤翔、内官营、香泉、符家川等 4 个乡镇 | | | 凤翔、内官营、香泉、符家川、城区等 | | |
| 产品序号 | 产品 1 | 产品 2 | 产品 3 | 产品 4 | 产品 5 | 产品 6 |
| 目的 | 满足短期流动资金需要，适用于小商业、小作坊、短途贩运、外出务工、蔬菜种植 | 满足季节性强的资金需求，适用于养殖、种植蔬菜、药材、粮食作物和洋芋等 | 满足季节性较长的资金需求，适用于养殖、药材、粮食作物等 | 满足短期流动资金需要，适用于小商业、小作坊、短途贩运、外出务工、蔬菜种植等以及城区个体工商户 | 满足季节性强的资金需求，适用于养殖、种植蔬菜、药材、粮食作物和洋芋等以及城区个体工商户 | 满足季节性较长的资金需求，适用于养殖、药材、粮食作物等以及城区个体工商户 |
| 期限（月） | 5 | 9 | 12 | 5 | 9 | 12 |
| 最低额度（元） | 500 | 500 | 500 | | | |
| 最高额度（元） | 第 1 次：5000<br>第 2 次：6000<br>第 3 次：8000 | 第 1 次：5000<br>第 2 次：6000<br>第 3 次：8000 | 第 1 次：5000<br>第 2 次：6000<br>第 3 次：8000 | 10000 | 10000 | 10000 |
| 贷款方式 | 小组贷款 | 小组贷款 | 小组贷款 | 个人贷款 | 个人贷款 | 个人贷款 |
| 还款方式 | 预扣利息，整贷整还 | 预扣利息，整贷整还 | 预扣利息，整贷整还 | 预扣利息，整贷整还 | 预扣利息，整贷整还 | 预扣利息，整贷整还 |
| 担保方式 | 小组联保 | 小组联保 | 小组联保 | 个人担保 | 个人担保 | 个人担保 |
| 月利率（‰） | 10 | 10 | 10 | 10 | 10 | 10 |
| 贷款申请条件 | 自愿组建小组，从事生产活动 | 自愿组建小组，从事生产活动 | 自愿组建小组，从事生产活动 | 有稳定收入的个人为担保人 | 有稳定收入的个人为担保人 | 有稳定收入的个人为担保人 |
| 风险程度 | 低 | 低 | 低 | 较低 | 较低 | 较低 |

资料来源：中国国际经济技术交流中心。

## 七 管理模式

服务中心目前规模较小，乡一级没有分支机构，采取集中管理制，所有的业务信息和财务信息全部汇总至总部，重大决策均由总部做出。由总部直接管理信贷员，总部对分支机构和人员进行直接监控和管理。

随着业务规模的不断扩大，在服务中心在乡一级设立分支机构之后，可能逐步过渡到相对独立、财务独立核算的分权制管理模式。分支机构的信贷员负责客户的选择、放款、收款，以及收集、整理、保存必要的客户信息和业务信息并定期向总部递交贷款活动报告。

## 八 资金来源

(1) 举办单位出资。

(2) 政府资助。

(3) 债务性融资。

(4) 在业务范围内开展服务活动的收入。

(5) 信贷资金管理费。

(6) 利息。

(7) 捐赠。

(8) 其他合法收入。

## 九 经营概况

从2009年底到2011年底，尽管所有者权益中的实收资金没有增加，但是筹集到的资金量仍然有较大幅度的增加，如用于信贷的短期借款从25多万元上升到140多万元，资产总额从460多万元增长到650多万元，贷款余额从460多万元上升到650多万元。

服务中心的小额贷款主要用于种植业、养殖业、商业、服务业等领域。截至2011年6月底，经营自负盈亏率为145.3%；运营资产回报率为5.6%；实现利润10.42万元，基本实现了扶贫和可持续发展的双重目标。

## 附录8－2 民富鑫荣服务中心章程（样本）

第一章 总则

**第一条** 名称：定西市安定区民富鑫荣服务中心（以下简称“中心”，英文为Anding Microfinance Center）。

**第二条** 性质：是由出资人自愿举办、从事非营利性社会服务活动的社会组织。

**第三条** 宗旨：本中心的宗旨是遵守国家宪法、法律、法规和国家政策，遵守社会道德风尚，为广大城乡客户提供小额信贷和相关的技术、培训、信息等方面的优质服务，促进当地贫困和低收入人口发展生产、增加收入，创造良好的社会效益，促进当地经济的繁荣与发展。

**第四条** 本中心登记管理机关是当地民政部门；本中心的业务主管单位是甘肃省定西市安定区外援项目办。本中心经业务主管单位批准，在当地民政部门注册登记，取得《民办非企业单位（法人）登记证书》。

**第五条** 本中心的住所地是：甘肃省定西市安定区。

**第六条** 本中心的举办者是中国国际经济技术交流中心，出资289.9万元人民币；安定区城乡发展协会，出资127.5万元人民币。合计出资417.4万元人民币。

第二章 业务范围

**第七条** 本中心的业务范围：

（1）小额信贷和与之相关的业务。

（2）技术培训和信息服务。

（3）其他相关业务。

第三章 组织管理制度

**第八条** 本单位设立理事会，理事会每届三年，理事会是本单位的最高权力机构，理事会成员为5人，理事由出资机构推选，每届任期3年，理事任期届满可连选连任。

**第九条** 理事会对本单位行使下列事项决定权：

（一）制定本单位的发展规划。

（二）审定本单位工作计划。

（三）制定和修改本单位章程。

（四）审定本单位的机构、编制设置和基本管理制度。

（五）审议批准本单位的年度财务预算方案、决算方案。

（六）合并、分立、变更、解散方案。

（七）聘任或解聘本单位主要管理人员（经理、副经理、会计等）。

（八）决定从业人员工资报酬。

（九）决定其他重大事项。

**第十条** 理事会每年至少召开两次会议，理事长认为必要时也可召开理事会议。

**第十一条**　理事会设理事长 1 名，副理事长 1 名，理事长副理事长由全体理事过半数选举产生和更换。

**第十二条**　副理事长协助理事长工作，理事长不能行使职权时，由理事长指定的副理事长代其行使职权。

**第十三条**　理事会实行一人一票制和按出席会议理事人数，少数服从多数的原则。

**第十四条**　召开理事会议，理事长或理事长指定的人员于会议召开十日前通知全体理事，并将会议的时间、地点、内容等一并告知理事。理事因故不能出席会议，可书面委托其他理事代为出席理事会。委托书须载明授权的范围。

**第十五条**　出席理事会议的人数须为全体理事人数的二分之一以上，会议决定必须超过参加会议人数二分之一时，通过的决议方可有效。

**第十六条**　理事会对所议事项作会议记录，出席会议的理事须在会议记录上签名。理事对理事会的决议承担责任。理事会记录由理事长指定的人员存档保管。

**第十七条**　理事长为本单位指定的法定代表人。

**第十八条**　理事长行使下列职权：

（一）召集和主持理事会议。

（二）检查理事会议决议的实施情况。

（三）代表单位签署有关文件。

（四）法律、法规和单位章程规定的其他权利。

**第十九条**　经理对理事会负责，并行使下列权利：

（一）主持中心的日常工作，组织实施理事会的决议。

（二）组织实施单位年度业务活动计划。

（三）拟订单位内部管理机构设置方案。

（四）拟订单位的管理制度。

（五）提请聘任或解聘本单位副职和财务负责人。

（六）聘任和解聘内设机构负责人。

第四章　资产管理、使用原则

**第二十条**　本中心的经费来源是：

（一）举办单位出资。

（二）政府资助。

（三）在业务范围内开展服务活动的收入。

（四）信贷资金管理费。

（五）利息。

（六）捐赠。

（七）其他合法收入。

**第二十一条**　资金使用：本中心的资产和收入用于章程规定的业务范围和事业的发展，盈余不得用于分红。根据国家有关法律规定、合作协议和协会工作需要安排资金使用，主要包括：

（一）工作人员报酬。

（二）行政开支。

（三）业务开支。

（四）项目活动支出。

（五）支付合作单位有关费用。

（六）偿还借贷资金本息。

（七）设备购置等。

（八）各项基金：根据国家规定，中心将从经费中提取用于业务发展的各项公基金（包括发展基金、福利基金等）以及用于支持扶贫和乡村发展项目的专项基金。

**第二十二条**　建立严格的财务管理制度，保证会计资料合法、真实、准确、完整。资产管理必须执行国家规定的财务管理制度。

**第二十三条**　换届或更换法定代表人之前必须进行财务审计。

第五章　章程的修改程序

**第二十四条**　修改的章程，须在理事会通过后十五日内，经业务主管单位审查同意，报登记管理机关核准后生效。

第六章　终止程序及终止后资产处理

**第二十五条**　本单位完成宗旨或自行解散或由于分立、合并等原因需要注销的，由理事会表决通过，经业务主管审查同意，报登记管理机构核准。

**第二十六条**　本单位终止前，须在业务主管单位和有关机关指导下成立清算组织，清理债权债务，处理剩余财产。清算期间，不开展清算以外的活动。

**第二十七条**　本单位经业务主管单位审查同意、登记管理机关注销登记手续后即为终止。

第七章　附则

**第二十八条**　本章程经　　年　月　日理事会表决通过。

**第二十九条**　本章程的解释权属理事会。

**第三十条**　本章程自登记管理机关核准之日起生效。

# 案例六　中国人口福利基金会“幸福工程”[①]

## 一　项目背景与发展概况

### 1. 背景

（1）20 世纪末中国的减贫任务。

改革开放之初，我国没有解决温饱的贫困人口有 2.5 亿，约占当时全国人口的 1/3。经过农村经济体制改革和大规模的扶贫开发工作，到 1993 年，我国的贫困人口减少到 8000 万。1994 年我国制定了《国家八七扶贫攻坚计划》，提出要在 20 世纪末之前的 7 年内解决 8000 万人口的绝对贫困问题，并号召海内外与扶贫有关的国际组织、区域组织、非政府组织和政府合作，共同参与中国的扶贫开发工作。

（2）幸福工程的发起。

为了尽快摆脱贫穷落后的面貌，我国于 20 世纪 70 年代开始实行计划生育政策。计划生育政策的实行起到了巨大的效果，我国人口增速放缓，为国民经济的快速发展起到了积极的促进作用，也使不少家庭的生活有所改善。但是，在一些贫困地区，由于受到经济社会水平比较低下、条件比较恶劣的限制，实行计划生育确实给群众生产生活带来一些具体的困难，他们牺牲了很大的利益，在短期内难以改变贫

① 根据中国社会科学院农村发展研究所小额信贷研究室课题组 2010 年《中国人口福利基金会“幸福工程”评估报告（1995～2010）》修改而成。评估课题组成员包括杜晓山、孙同全、张红、张群和潘小波。

困的状况。

我国将计划生育确定为基本国策，根本目的是为了国家的经济发展，为了使全体国民尽快富裕起来，改善生活。如果只要求老百姓实行计划生育，而不去帮助他们解决实行计划生育以后生产生活中面临的困难问题，不着力改善他们的生存和生活状况，那么，就难以让老百姓自觉地实行计划生育，计划生育政策的目的就难以实现。所以，政府应该关注实行计划生育的家庭，尤其是那些实行了计划生育的贫困家庭，应该为他们的生产生活提供帮助，使他们尽快摆脱贫困，走向富裕，这样才能让基本国策深入人心，也才能使计划生育成为广大群众的自觉行动。

在20世纪90年代中期我国8000多万的贫困人口中有许多属于计划生育家庭。当时国家财力有限，需要争取海内外和全社会的力量共同来减少贫困现象。在这种宏观背景下，中国人口福利基金会、中国计划生育协会和《中国人口报》于1994年开始起草《幸福工程行动计划》，全面筹备“幸福工程——救助贫困母亲行动”，并于1995年2月正式启动，由王光美担任主任委员，宋平、谷牧、陈慕华、彭佩云和钱正英为名誉顾问，19位中央各部门领导和有关专家担任顾问。

（3）宗旨、内容和目标。

幸福工程的宗旨是动员社会资源，救助贫困母亲，内容是将计划生育工作与扶贫开发结合起来，从海内外募集善款，为实行了计划生育的贫困母亲提供三方面的帮助：治穷、治愚、治病。治穷就是向她们提供小额循环资金支持，为她们解决发展家庭生产创收活动的融资困难，帮助她们尽快脱贫致富，提高经济和社会地位；治愚就是扶持村一级兴办母亲学校及各类培训班，帮助贫困母亲扫盲，学习科学文化知识，掌握一至二门致富实用技术，懂得生殖保健知识；治病就是帮助贫困母亲检查和治疗常见妇科病，向她们提供生殖保健服务。

通过“三治”，要让这些实行了计划生育的贫困家庭能够实实在在受益，改善家庭状况，让全社会理解和支持计划生育，促进贫困地区人口与经济、社会协调发展，为计划生育工作创造良好的社会环境，同时，幸福工程也是计划生育转变工作思路、工作方法的一项重要举措。

**2. 项目组织管理结构和运行机制**

（1）项目组织管理结构。

幸福工程的组织管理结构由各级组委会和项目办组成。全国组委会已为32个省、自治区、直辖市授权，成立幸福工程省级组委会（办公室），并在实施幸福工程项目的各市县成立幸福工程领导小组和项目办公室。幸福工程的组织机构设立在各级计生协会，并采用四级协议五级管理的方式，即新项目点的设立由国、省、地、县四级共同签署《幸福工程·救助贫困母亲行动项目协议书》，乡镇计生协会参与具体的实施工作（见图8－15）。

第一，全国组委会。

幸福工程的三家发起单位中国人口福利基金会（以下简称基金会）、中国计划生育协会（以下简称计生协）和《中国人口报》联合组建了幸福工程全国组织委员会（以下简称全国组委会），在基金会设了全国组委会办公室，主要负责全国幸福工程的综合管理及指导工作。其职责是：执行全国组委会的工作决议和各项任务；指导幸福工程各省、市、自治区和计划单列市组委会的宣传推广、项目实施、资金管理、检

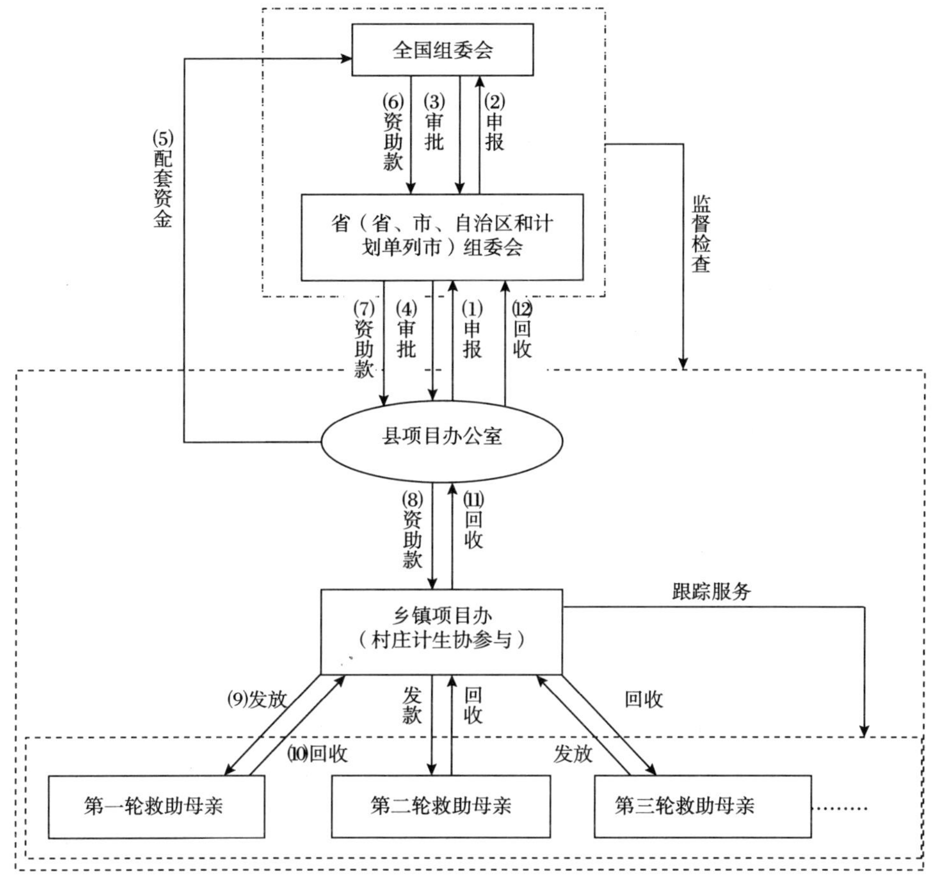


**图 8－15　幸福工程项目组织管理结构与实施机制**

查评估等工作；制定《幸福工程管理办法》；制定项目管理制度；制定项目实施方案；办理项目审批和项目实施过程中的相关手续；对项目点的建立、运行、终结进行考察、监管与评估；负责省级项目管理人员的培训工作；做好项目成果的宣传与推广工作；负责授权及监管工作；负责其他相关工作。

中国人口福利基金会成立于 1987 年，是经民政部注册，接受国家人口和计划生育委员会业务指导，具有独立法人地位的全国公募非营利公益组织。是我国最早成立的基金会之一，也是我国人口领域唯一一家全国性公募基金会，至今已是第五届理事会。

基金会的宗旨是争取国内外关心中国人口福利事业的团体和个人的支持与捐助，动员社会资源兴办有利于解决人口问题的社会公益项目和活动；关注人口与发展进程中的扶贫开发、人口素质以及伴随城市化、老龄化等重大社会问题带来的家庭及个人风险，增进人口福利与家庭幸福，为建设和谐社会做出贡献。基金会的业务范围包括：①开展符合基金会宗旨的资助项目与公益活动；②资助人口福利方面的研究，组织开展相关的调研、咨询与培训等活动；③表彰对人口福利事业做出突出贡献的个人和团体；④开展与人口福利相关的国际交流与合作。

基金会正在执行的主要项目包括中华人口奖、幸福工程、幸福微笑行动、计划生育特困家庭扶助行动、幸福在他乡、救助艾滋病感染者家庭及艾滋致孤儿童行动、关爱女性健康活动、生殖健康援助行动、人口信息化建设行动等。

基金会的组织结构如图 8 – 16 所示。基金会首届名誉会长是前全国政协主席邓颖超，会长是前全国政协副主席王首道。第二届会长是前国务院副总理、前全国政协副主席谷牧。第三届会长是全国人大常委会副委员长何鲁丽，常务副会长是国家人口计生委原副主任吴景春，第四届名誉理事长为全国人大常委会副委员长何鲁丽，理事长为苗霞，后改为原国家人口计生委副主任赵炳礼。赵炳礼连任为第五届理事会理事长，杨文庄为第五届副理事长兼秘书长。历届实际负责基金会运行的会长或理事长或常务副理事长兼秘书长，均为原国家计划生育委员会副部级或局级领导干部。监事会成员均由国家人口计划生育委员会的纪检和财务部分领导担任。

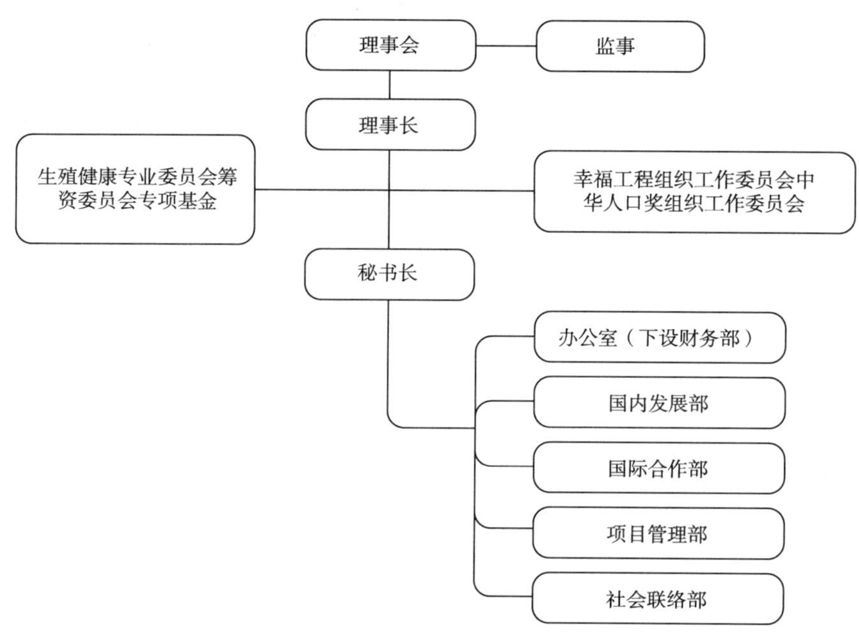


**图 8－16　中国人口福利基金会组织结构**

中国人口和计划生育协会成立于 1980 年，是以倡导人民群众计划生育/生殖健康为目标的全国性、非营利性群众团体，是中国计划生育/生殖健康领域最大的群众团体，1983 年成为国际计划生育联合会的正式会员，业务主管部门为国家人口和计划生育委员会。计生协成立以来已建立各级协会 102 万个，发展会员 8300 余万名。这些协会有的是社团身份，有的是事业单位，有的是独立的组织，有的与当地计生委合署办公，大部分的协会领导同时兼任当地计生委的领导职务。

国家计生协的主要业务活动包括志愿者宣传和推动计划生育/生殖健康活动、基层生殖健康教育、专业技术培训、生活技能培训、健康知识教育、预防艾滋病等传染病知识教育。各级计划生育协会还与各保险公司合作，开办了涉及儿童、待产、节育等人群看病、人身安全和计划生育夫妇养老等十多个险种。在这些业务方面，全国计生协还开展了大量的国际合作。

国家计生协是幸福工程的发起单位，但是在实际的项目实施过程中，实质性的工作和主要工作都由基金会负责。由于基金会在基层没有办事机构，幸福工程的落实工作主要落在各级计生协身上。在基层，有些地方的计生协缺乏独立的专职人员，幸福工程的工作很多是由当地计生委人员兼职负责的。

《中国人口报》是国家人口和计划生育委员会主管的一份全国性报纸，创办于1987年，1988年邓小平同志亲自题写报名。《中国人口报》一直以宣传国家人口和计划生育方针政策、传播优生优育优教科普知识、推动生殖健康服务等为主要内容。近年来，随着国家人口计生委职能的调整，《中国人口报》强化了关注基层百姓生活，提高人们生活质量，引导百姓科学消费等内容报道，并将报道面拓展到与人口相关的经济发展、扶贫开发、环境保护、资源利用、社会保障、全民教育、人口文化等领域，对我国人口与经济、社会的协调和可持续发展，发挥着重要的舆论作用。全国所有大型企业、医院、学校、军队等都设有人口计生部门，所有计生部门都订有《中国人口报》。《中国人口报》是一份深入基层、覆盖全国的主流媒体。《中国人口报》作为幸福工程的发起单位主要是发挥其宣传作用。

在以上三家机构中，基金会发挥着实际的项目管理的职能，在省级以下，由于基金会没有地方分支机构，项目的执行依赖地方各级计生协会和计生委。

第二，省组委会。

省级组委会在计生协会设立了办公室，对幸福工程起着承上启下的作用，其职责是：执行全国组委会的决议和任务；根据本地情况适时开展幸福工程的宣传、善款劝募、项目实施、检查评估等相关活动；与全国组委会、项目所在市（地区）及项目县共同签署《幸福工程·救助贫困母亲行动项目协议书》；负责对本辖区项目点的指导服务和监督评估工作；负责协调国家级和省级项目资金的拨付、使用和回收工作；负责对本辖区内项目点负责人的培训工作；负责监督项目点的项目内容、救助对象、资金管理与使用等工作；协调监督项目县匹配资金的到位情况；协调省内相关机构和部门对幸福工程项目的参与工作；按时、如数回收国、省两级投放的“治穷”项目资金；如实上报幸福工程国、省两级项目点的布设、实施、绩效等情况；及时将本省新建项目点及相关资料提交全国组委会办公室；其他有关幸福工程的工作。

第三，地市级项目办公室。

地市级计划生育协会纳入体系，负责执行并贯彻国、省两级幸福工程组委会对本辖区工作的指令，部署、督办县级项目点设立过程中的相关工作，与国、省、县三级共同签署《幸福工程·救助贫困母亲行动项目协议书》，协助省级组委会对本辖区项目点的监管、指导、服务与评估等工作，协助省级组委会完成项目县救助资金的回收工作，等等。

第四，县（市）项目办公室。

幸福工程县（市）级项目办公室是幸福工程项目运行过程中最重要的一个具体实施部门，须承担项目的选择立项、运行服务、资金管理、资金回收、效益评估等多项任务，其职责包括：贯彻执行国、省、市（地区）三级关于幸福工程，特别是项目工作的决议和任务；做好幸福工程的宣传与推广工作；与国、省、市（地区）三级签署《幸福工程·救助贫困母亲行动项目协议书》；承办幸福工程项目匹配资金的落实到位工作；严格财务手续，合理使用各类资金；负责幸福工程项目救助资金的接收、管理、发放和回收工作，并办理此过程中的各类手续；指导性地协助受助者选择科学合理、经济效益好的短、平、快项目；对实施项目的乡、村进行系统、科学、合理地协调监管及服务工作；认真贯彻“小额资助，直接到人，滚动运作，劳动脱贫”的幸福工程救助模式，提高资金的使用效益，最大限度地提高救助率和资金滚动率，使更多的贫困母亲受助受益，同时提高脱贫率和还款率；对村、乡两级提供的受助者名单进行审核，以确保被救助者符合受助条件；实行“三治”，“治穷”为主，“治愚、治病”为辅，相互促进的救助原则，全面提高受助母亲的综合素质；协调本县的相关部门积极参与幸福工程的项目施救活动；及时总结经验，并发现和解决问题，如实向国、省、市（地区）通报项目信息；认真履行《幸福工程·救助贫困母亲行动项目协议书》的各项条款；与乡、村两级共同实施每一个救助周期的评估与考核工作；按要求将每一轮受助母亲基础资料录入《幸福工程项目管理软件》，并按时提交全国组委会办公室等。

第五，乡镇项目办公室。

幸福工程在乡镇由乡镇计生协会负责，根据县级项目办公室的安排参与项目受助户的筛选，资金使用项目的选择、跟踪服务等活动。

（2）项目运行机制。

为了使实行了计划生育的贫困母亲及其家庭早日摆脱贫困并过上幸福生活，根据《幸福工程·救助贫困母亲行动管理办法》的规定，由县办公室向省组委会提交项目申报文本，省组委会按程序申报全国组委会，经全国组委会审核批准后，在该县设立幸福工程项目点。该县应按照 1∶1 的相同数额提供匹配资金，待配套资金汇入全国组委会账户后，全国组委会将配套资金与救助资金一次性拨付到省级组委会。省级组委会负责将该项目款及时、足额拨付到县（市）级幸福工程项目办公室，由县办公室落实到救助贫困母亲。

在项目实行过程中全国组委会和省组委会定期或不定期地对县项目点的资金管理及项目救助工作进行监督检查。为保证项目活动的顺利实施，乡镇及村项目办将为受助母亲提供生产信息、技术培训、产品销售以及生殖健康、计划生育、优生优育等项服务。

幸福工程项目在一位受助母亲（户）中执行轮次为 1～2 年，项目执行期满后按协议规定将救助金如数交回县幸福工程项目办，同时确定并执行下一轮的救助。

幸福工程项目在一个县（市）执行周期为 3～5 年。项目执行期满后按协议规定将资金如数收回并上交到省级组委会或办公室，同时确定下个周期的项目实施地。

**3. 项目进展**

（1）资金量和受益人数。

幸福工程创立之初，国家财力不足，资金基本上主要来自海内外社会各界的捐助，包括国内外各级政府、社会团体、企事业单位，香港、澳门特别行政区、台湾同胞，海外侨胞、海外团体及其他组织和个人向幸福工程捐赠的资金；地方配套幸福工程项目资金；国家扶贫专款安排用于幸福工程项目的资金；其他部门和社会渠道参与幸福工程项目的资金等。近年来，部分省市开始尝试将幸福工程资金纳入财政预算，如河北省易县每年从计划生育社会抚养费提取 5% 作为幸福工程基金，为幸福工程建立了长效投入保障机制，推动幸福工程可持续发展。

截至2008年，全国组委会筹集资金1.08亿元，省（区、市）组委会或办公室筹集资金1.65亿元，地方配套资金1.78亿元，吸纳参与资金1.32亿元，累计投入资金5.83亿元（见表8-9）。至2009年10月31日，幸福工程已在全国29个省、市、自治区设立了446个项目点，累计投入资金约6.6亿元，救助贫困母亲及家庭221650人（户），惠及人口1010131人。幸福工程通过小额资助，使受助的计划生育贫困母亲及其家庭走上了脱贫致富的发展道路。有些受助者就是靠当初几千元的资助款起步，如今已发展成当地的专业大户和企业家，成为脱贫致富的带头人。

**表8-9　幸福工程累计资金数量与受益人数**

| 资金来源 | 2008年底 | 2009年10月底 |
| --- | --- | --- |
| 全国组委会筹集（万元） | 10824.45 | |
| 省（区、市）组委会或办公室筹集（万元） | 16458.313 | |
| 地方配套资金（万元） | 17831.54 | |
| 吸纳参与资金（万元） | 13177.44 | |
| 累计投入资金总额（万元） | 58291.743 | 65943.21 |
| 项目点覆盖面 | 29个省（区、市） | 29个省（区、市） |
| 项目在建点数（个） | 417 | 446 |
| 救助贫困母亲（万人） | 20.70 | 22.17 |
| 惠及人口（万人） | 95.20 | 101.01 |

资料来源：幸福工程全国组委会。

（2）项目的内容。

幸福工程的“三治”中“治穷”是最重要、占用资金量最大的内容。“治穷”资金主要用于救助户发展家庭创收活动，其中45%将资金用于养殖业，35%用于种植业，12%用于小加工，8%用于其他，可见大部分的资金（92%）与生产直接相关（见图8－17）。在“治穷”的同时“治愚”“治病”，截至2008年，为贫困母亲举办各类培训班16000多期，培训1194300多人次，培训内容与资金用途密切相关，包括种植和养殖的生产技术、卫生健康知识等；做健康检查91万人次，治疗妇科病35万余人次；免费下发药品和医疗器材价值1656多万元。

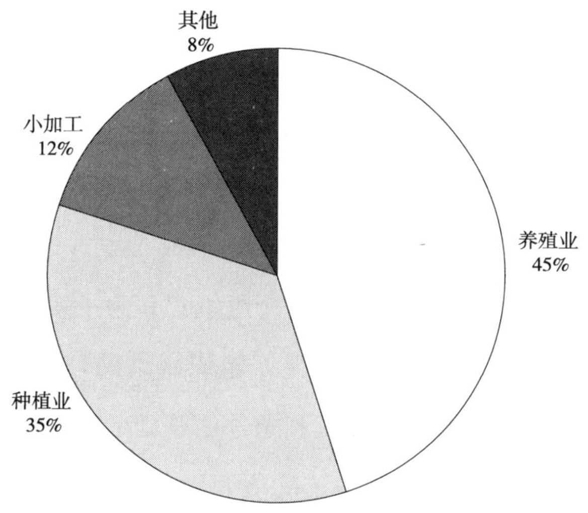


**图8－17　幸福工程——“治穷”项目资金用途**

（3）项目执行方式方法的演进。

幸福工程项目最初设计为以“小额资助，直接到人，滚动运作，劳动脱贫”的运作模式。随着时间的推移，各地已经根据本地经济发展、组织机构等情况进行了新模式的探索：有些已经将资助资金额度扩大，从最初的1000～3000元，扩大到5000～10000元；有些地方已经突破“直接到人”的模式，采用“公司＋农户”“基地＋公司＋农户”“协会＋农户”等，将协会、公司等外部经营主体引入到项目中，将受助户组织起来，联合经营；有的地方则将资金以受助户委托的形式转给企业集中使用，条件是带动救助贫困母亲就业并分红等；有些地方还通过政府相关部门合作，打破了行业和部门界限，将各部门的资源配套整合使用，以发挥更大的合力，扩大救助范围，提高救助效果。

## 二　对项目组织管理制度的分析与评价

对于一个发展项目的评估通常要考察项目的组织管理结构、运行机制、运行效果和社会影响等几个方面。

### 1. 项目组织管理体系的评价框架

幸福工程从全国组委会到省、市、县、乡、村各级组织，形成的是一个网络结构。一个社会组织网络结构的形成是三种因素的作用结果：一是共同目标，即参与到网络中的每个组织都是为了实现一个共同的目标而组织在一起，这个目标也就是整个组织网络的目标。二是适当性，即这个组织网络一定是在既有环境和条件的基础上形成的，为环境所接受。三是效率，即在资源稀缺的情况下，以尽可能小的投入去实现目标。① 幸福工程的特殊性在于它的组织管理结构是一个网络结构，但是它是依托计划生育工作的行政系统而建立的。

评价一个网络化的组织结构要从这三个方面入手，看这个网络系统是否以尽可能小的投入去实现网络组织的共同目标，而且在现有的条件下，是否还有其他可替代的更优化的方案。

在微观执行层面，要考察具体执行机构的决策、规划、领导能力、内部控制、人力资源开发与管理等方面，具体到信贷资金管理性质的组

① 参见孙同全《扶贫小额信贷与公益信托制度研究》，经济科学出版社，2006，第 40 ~ 48 页。

织，还需要考察风险管理等。

2. **项目组织管理结构**

（1）网格状的组织结构。

从共同目标来看，幸福工程的直接目标在于救助实行了计划生育的贫困母亲及其家庭，在一定程度上帮助她们改善生活状况，形成一种计划生育的利益导向机制，从而间接地为计划生育事业、机构和工作者塑造良好的社会形象和社会氛围，推动计划生育事业发展。这就要求参与到幸福工程当中的每一个组织都要把这一目标作为自己组织的目标。

幸福工程组织结构当中的各级机构都是各级计生协会，它们都是计生委系统主管的协会，其宗旨和目标是提高人民生活质量，协助政府贯彻落实国家的计划生育政策。所以，幸福工程的目标和宗旨与各参与机构的目标和宗旨是完全一致的，而且是各级参与机构的本职工作。幸福工程为他们的工作提供了具体的手段。

从中国人口福利基金会来看，幸福工程组委会办公室只有几名工作人员，在我国现有的法律框架下，基金会难以设立分支机构；计生协从上至下有完整的工作网络系统，完全可以满足实施幸福工程的需要；基金会和计生协会同属于计生委系统，基金会完全可以利用这套系统，不需要另外建立分支机构或者其他项目执行系统。所以，幸福工程目前的组织管理结构是适当的，也是节约组织和协调成本的，各级组织目标一致，总体上有利于幸福工程宗旨和目标的贯彻和实现，在现有的组织资源情况下应该是最优结构。

（2）依托行政系统。

在国家、省、市级，计生协会与计生委在人员上是分开的，机构相对独立；在县级，计生协的领导和部分工作人员是由计生局的人员兼任的，计生协会是半独立状态，是计生局的一个下属单位；在乡镇和街道一级，计生协会与计生干部则完全是一体的，计生协会人员参照公务员管理。可见，基层的计生协会与计生局是二而不二，实际是一体。所以，幸福工程在很大程度上要依靠各级行政系统帮助来实施项目。

形成这种局面有其合理性，因为：①计划生育工作是一项政策性极强的工作，离不开政府的指导和支持；②帮助计划生育家庭解决实际困难，改善计划生育工作环境，推进计划生育工作，都是政府需要做的工作；③计生协会就是为了配合政府推行计划生育工作而成立的，是政府的帮手和辅助机构，计生局人员兼任协会人员，不仅是为了工作方便，也是节省费用、提高效率的理性选择；④在计生协会之外找不到其他合适的可以与政府密切配合推动计划生育工作的其他民间组织；⑤政府与慈善组织合作开展慈善公益活动是一种良好的结合。

所以，在我国现有的组织资源情况下，鉴于幸福工程在计划生育领域内开展慈善公益活动的特殊性，其项目实施的组织制度安排是合理的，也是行之有效的。

（3）关键在县级。

从幸福工程的组织管理架构的实际运作情况看，最重要的有三个环节：全国组委会、省级组委会和县级项目办公室。全国组委会是幸福工程的主要筹资和决策层，主要负责项目的宗旨、目标和总体规则的设定，负责项目筹资及其分配和监督使用，负责总体对外宣传和指导，等等。省级组委会主要负责审核本省市县开展幸福工程的申请，根据全国组委会的授权在本省内进行筹资和宣传，监督和指导本省项目的运行。县级项目办是项目的执行层，主要负责落实幸福工程的各项政策，接受全国和省级组委会拨付的项目资金，匹配本地资金，选定项目乡镇/街道和村庄/社区，选定救助对象，发放和回收救助资金，开展“治愚”和“治病”等活动。

地市级项目办公室参与了项目协议的签署，并对全国组委会提供的项目资金的回收和偿还提供保证，监督项目的执行。从项目实际运行情况看，这一级起到的主要是上传下达的作用。县以下的乡镇/街道和村庄/社区的计生协是在县级项目办的决策领导下协助落实开展项目工作。可见，在项目的执行层面县级项目办是关键中的关键，对项目执行的成功与否具有关键性的作用。

**3. 项目执行机制**

项目的执行机制包括项目筹资、资金分配、项目工作计划、救助对象选择、救助资金发放与回收、监督检查等方面。

（1）项目资金的筹集。

幸福工程的资金主要是由全国组委会面向海内外各界募集的捐助款，捐款者包括国内外各级政府、社会团体、企事业单位，香港、澳门特别行政区同胞，台湾同胞，海外侨胞，海外团体及其他组织和个人。省级组委会在得到全国组委会授权后，可以幸福工程的名义在其行政辖区内募集善款。按照国家有关经济较发达地区支援贫困地区的规定，全国组委会要求经济较发达地区须从每年募集资金总额中，划出一定的比例用于对口支援贫困地区特别是西部地区的幸福工程项目。按照《幸福工程·救助贫困母亲行动管理办法》的规定，县级项目办公室需要按照与全国组委会提供的资金量1∶1的比例提供配套资金，在项目开始前汇入全国组委会的账户，全国组委会再将两笔款拨付县项目办公室。

由于不同地区基层政府的财力不同等原因，县级项目办按照1∶1

提供配套资金的要求并没有完全执行，有的地方多，有的地方少。目前，幸福工程的资金主要来自全国组委会和县项目办公室。全国组委会的资金来自募集社会各界的捐赠，县级资金来源主要有两种：一是县财政，主要是社会抚养费收入；二是捐款，包括个人和企业捐款。

从资金数量上看，一般情况是，在相对富裕地区，县级资金多于全国组委会提供的资金；在相对贫困的地区，全国组委会提供的资金多于县级资金。

幸福工程的主要内容是“治穷”，所以，在资金分配上“治穷”资金占绝大多数。

（2）计划实施。

幸福工程的具体实施工作由县级项目办负责。县项目办根据全国组委会制定的项目管理办法和国家、省、市和县四级签署的《幸福工程·救助贫困母亲行动项目协议书》，并根据项目资金情况确定每一次的救助人数，再根据本县实际情况确定项目乡镇和村庄。

全国组委会制定了项目的管理实施办法，由县级项目办制订具体的落实计划和方法，这样，原则性与灵活性相结合，既有利于保证幸福工程宗旨和目标的实现，也有利于地方因地制宜，保证项目的效果。

幸福工程采用的救助模式是“小额资助，直接到人，滚动运作，劳动脱贫”。从现有资料文献和实地调查的情况看，这个模式已经有所变化，主要体现在前两个方面。

首先，关于小额资助，幸福工程《管理办法》规定，贫困母亲受助资金是指一次性给一位母亲（户）3000～5000 元；使用期限为 1～2 年，在 1 户救助期为一轮，到期后救助款交回到县（市）幸福工程项目办再救助下一位。项目管理费控制在 5% 以内。此管理费可作为县

（市）或乡项目办公室工作经费和项目不可预见损失费的补充。实地调研发现，对每位贫困母亲的救助资金额度在不同地方、不同时间是不同的；管理费有的收，有的不收，即使收，费率也不相同；每一轮次对每位贫困母亲的资金使用时间也不相同，在多数地方是1年。

其次，关于直接到人，幸福工程《管理办法》规定，凡是全国组委会或省级组委会救助的项目，在《幸福工程·救助贫困母亲项目协议书》签署后必须按照协议的要求，将救助资金直接落实到受助母亲手中，资金直接到人，项目直接到户。按照公平、公开、公正、合理的原则，将被救助贫困母亲名单、救助项目内容及资金额在村公共场所张榜公示，接受村民监督。同时将该名单通过省组委会报全国组委会备案，作为监督、检查和评估的依据。实地调研发现，有些地区采取的一些模式使资金没有直接到人、到户，而是到达了中间的公司或协会。例如，有的县采取了“公司+基地+贫困母亲”的模式，部分资金统一由公司使用，贫困母亲得到的是生产资料，通过交付产品获得生产活动的附加值；有的地方按照贫困母亲人数将救助资金集中给一个工厂使用，安排这些贫困母亲到工厂从事生产劳动，挣取工资。

扶贫资金的使用方式及其扶贫效果一直是一个备受争论的问题。改变使用方式的县市扶贫办认为，资金直接到人、到户的弊端是每户资金量太小，缺乏创收项目，生产经营规模做不大，增收效果不明显；而将资金集中于一个具有带动作用的企业能够使资金发挥更大的效用，带动贫困母亲增收或者直接给她们发工资，改善生活。

最后，对于滚动运作，幸福工程《管理办法》规定，全国组委会或省级组委会所救助的县（市）幸福工程项目用于救助贫困母亲的资金使用周期一般为5年，期间该资金在项目所在县（市）母亲间的滚动次数不得少于3轮。这意味着每轮资金的使用时间为在两年以内。实地调查发现，有些县市执行了这个规定，有些没有。

（3）监督。

项目的监督可以分为两种：对机构的监督和对受助者的监督。对机构的监督是指检查幸福工程各级项目管理机构是否勤勉尽职；对人的监督是指对受助贫困母亲使用资金情况的监督，她们是否把资金用于发展生产、改善家庭经济状况，在资金使用过程中有什么困难需要帮助解决，能否按时偿还资金等。

幸福工程对机构的监督机制可以分为三种：上级对下级的监督、社会监督、对受助人的监督。上级对下级的监督就是从全国组委会开始，每一级对下级进行监督，监督内容包括幸福工程救助对象是否符合要求、资金的管理与使用、项目实施、资金回收和项目的评估验收等工作。监督方法包括上级对下级定期和不定期的工作检查，包括听取汇报、实地检查、访问受助者等；全国组委会还开发了一套管理信息系统，安装在全国组委会办公室和县级项目办，由县级项目办定期上报项目进展动态。

在上级对下级监督方面，全国组委会人员定期或不定期检查项目进展情况，并聘请专家对项目进行全面的评估，根据评估情况进行整改，并公布评估结果。

社会监督主要是幸福工程全国组委会定期向社会公布幸福工程进展和资金使用情况等。目前幸福工程由每年接受审计，并公布年报，接受社会各界和捐赠者监督。群众监督主要是指各项目办公室按照“公开、公平、公正”的原则在所辖区域内定期公布资金使用和项目资助情况。实地调查发现，在县市项目办的办公地点都有公告宣传栏，张贴幸福工程的开展情况。

对受助人的监督主要由县乡村项目管理机构和人员来做。一般情况下，对资金使用者的监督效果与贷款期限和还款周期成反比，贷款时间越长、还款次数越少，监督效果越不好。而资金使用期限不超过 1 年的，或者分期还款的，项目管理人员经常与受助户接触，还款率就高。这些现象说明监督工作与小额信贷制度和产品设计密切相关。

**4. 小结**

（1）共同目标与网络化的项目组织管理结构。

幸福工程的组织管理结构是一个网络结构，依托计划生育工作的行政系统而建立，网格当中的各个机构都是计生部门的，有共同的使命和目标，这是幸福工程各级组织在彼此缺乏经济利益联系的情况下能够持续进行 15 年的基本原因。从目前幸福工程能够利用的组织资源来看，这个项目组织管理结构是适当的、合理的，也是有效率的。

（2）资金来源与项目性质。

幸福工程的资金来源多种多样，主要依靠全国组委会和县级项目办。因为救助贫困母亲对计划生育工作的积极作用，即使全国组委会不提供资金，经济相对发达的地区对此事有积极性的，自己掏钱也要做这件事情。相对贫困地区的县政府如果充分协调利用各部门和各种性质的资金，或者制定合理的资金使用方法，都会放大幸福工程资金的效应。如果外部资金状况不理想而资金使用方法又不尽合理的话，那么项目执行情况就不会很理想。

（3）模式创新与项目宗旨和目标。

幸福工程在各地开始出现一些新模式或新做法，应该尽快总结和评价这些新模式或新做法是否符合幸福工程的目标和宗旨，以保证贫困母亲能够真正收益。

（4）监督与真实信息。

对于全国组委会来说，由于经费、人员和时间等因素的限制，经常性的现场监督检查是不现实的。现有的管理信息系统发挥作用的重要前提是输入信息的准确程度。所以，需要制定统一的统计标准和方法，以及核查方法。

对于受助者使用资金情况的监督取决于资金使用方法和管理部门的责任心，二者缺一不可。各地情况差异较大，不存在唯一合适的办法，有必要对全国各地的资金运作方法进行总结和交流，取长补短，并开展培训，发现一般原则和规律，制定适合各地的合理方法。

## 三　对幸福工程小额信贷资金运行状况的评价

因为幸福工程的主要内容是“治穷”小额循环资金运作，有的地方收取资金使用管理费，有的地方不收。不管收与不收管理费，都需要偿还本金。所以，“治穷”的救助资金是以小额信贷的形式在运作。

**1. 小额信贷运行评价框架**

（1）小额信贷制度主义与福利主义。

作为一种信贷扶贫手段，一方面，小额信贷要尽可能地向更多的最低收入人群提供融资服务；另一方面，小额信贷机构又要达到财务上的自负盈亏，以摆脱长久地依赖补贴。这形成了扶贫小额信贷的双重目标（见图 8－18）。由于扶贫小额信贷面对的目标客户是低收入的人群，贷款数额小，经营成本高，小额信贷机构往往很难同时实现这两个目标。因此，小额信贷自身的持续发展和持续扶贫的目标之间产生了一定的矛盾和竞争。围绕着如何平衡这两个目标以及相应的管理制度，在国际上形成了两种不同的观点，即制度主义（Institutionalism）和福利主义（Welfarism）。[①]

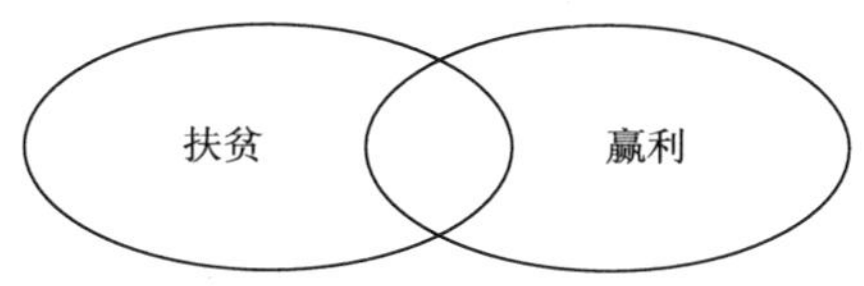


**图 8－18　小额信贷机构的双重目标**

福利主义为传统流派，它强调为低收入和贫困群体服务的宗旨和目标，但多依赖补贴，不追求财务上的可持续发展。例如一些联合国系统的机构和一些国际慈善机构开展的小额信贷扶贫项目属于此类小额信贷。制度主义为当今的主流学派，它既强调为中低收入目标群体服务，又强调追求商业上的可持续发展，使信贷收入可以覆盖风险与成本。制度主义又可分为两个分支，一个更强调扶贫（公益性），而另一个更强调机构的赢利（商业性）。在国际上，前者的杰出代表如孟加拉乡村银行（Grameen Bank，GB）、社会促进协会（ASA）和总部在拉美国家的国际社区资助基金（FINCA）。后一类的佼佼者为印度尼西亚商业银行“人民银行乡村信贷部”（BRI－UD）和玻利维亚团结银行（BancoSol）。在我国，目前国内现存的100来个公益性小额信贷组织多数属于扶贫性质（公益性）的制度主义小额信贷分支。[②]

---

① 参见孙同全《扶贫小额信贷于公益信托制度研究》，经济科学出版社，2006，第56～61页。

② 参见杜晓山、刘文璞等《中国公益性小额信贷》，社会科学文献出版社，2008，第83～84页。

自20世纪90年代中期以来，我国曾先后存在过300来个公益性小额信贷项目和机构，其中有一批为福利主义性质的组织。它们一般采用的模式是由政府或事业单位派人兼职或专职，多以项目的形式出现，以低利率或零利息放贷给低收入贫困群体，以政府补贴或外界资助为支撑。一旦项目到期，人员变动，资助和补贴减少或停止，小额信贷的规模则会逐步萎缩直至停止。这样的事例屡屡发生，说明这类项目是不可能长久生存的。

当然，如果项目宗旨目标明确，有完善的制度规则，有专职专业的工作团队，有源源不断的后续资金的支撑，有资金有效率的运转，这类福利主义小额信贷机构还是有生命力的。例如，国际小母牛项目中国区的活动，由于基本具备上述条件，因此已存在十几年，规模在逐步扩大，也取得了较显著的扶贫社会效益。

还有一些福利型小额信贷组织在发展过程中，经过理念、运营规则和制度、贷款利率及工作人员的转变，转型为制度主义小额信贷。例如，乐施会早期的一些社区资金互助项目，联合国开发计划署、联合国儿童基金会等机构资助的项目，都不同程度地进行了改造，正在转变为公益性制度主义小额信贷机构。

因此，福利主义小额信贷组织如果没有外部持续的资金支持，或者即使有资金来源，但管理不善、效率不高，是难以长期生存的。作为一种资金“扶贫项目”的目标定位是可行的，但不可持续则是它致命的弱点。概括地说，它大概有三种结果和出路：①短期的项目定位。②以福利主义的形式起步，使贫困和低收入群体获得生存和发展的最低基础，再辅之以制度主义的理念和手段，使贫困受益群体得到持续支持，脱贫致富，被称为“渐进”（Trick Up）项目的扶贫小额信贷就是此理念的践行者，乐施会的某些小额信贷项目也属此类型。③将福利主义小额信贷改造成制度主义小额信贷。

公益性制度主义的重要意义在于使小额信贷机构可以不依赖外界的捐赠或优惠资金就可以独立生存、发展壮大，从而能够长期为低收入和贫困群体提供融资服务。[①]

（2）幸福工程小额信贷的福利主义特征与制度主义趋向。

幸福工程的小额救助贷款具有比较明显的福利主义特征。第一，幸福工程的目标是扶贫。第二，幸福工程没有一个专门的小额信贷机构，都是由各级计生协会兼职从事这项事业。第三，救助资金低息或无息。第四，依靠社会捐赠和政府行政或事业经费开展工作。没有政府的组织、人力和财力的支持，幸福工程就无法开展。

但是，福利性的投入和各地对幸福工程不断扩大的需求需要源源不断的资金供给，而仅靠公益慈善募捐难以满足这个需求。为了长期开展救助贫困母亲的行动，幸福工程也需要引入制度主义的因素。

（3）小额信贷运行状况的一般性评价框架。

不管是制度主义还是福利主义，都可以通过对信贷资金质量、经营管理效率和赢利能力三个主要方面来考察小额信贷的运行的质量、服务能力、可持续发展能力等，并为此制定了一系列的评价指标（见表8－10）。幸福工程中没有将救助资金称为信贷资金，为了分析方便，以下分析中使用的“贷款”一词除非特别说明，即指发放到贫困母亲手中的救助资金。

① 参见杜晓山、刘文璞等《小额信贷原理及运作》，上海财经大学出版社，2001，第69～78页。

表 8－10 小额信贷运行状况分析评价指标（部分）

| 比率 | 公式 | 用途 |
| --- | --- | --- |
| 贷款质量比率 | | |
| 风险贷款率 | 有逾期行为的贷款余额 / 贷款余额 | 度量贷款余额处于风险当中的比例 |
| 贷款拖欠率（逾期率） | 逾期贷款额 / 贷款余额 | 反映逾期还款额 |
| 贷款损失比率 | 本年注销的坏账 / 年平均贷款余额 | 反映上期没有收回的贷款量 |
| 还款率 | 收回贷款金额 / 到期应该回收金额 | 反映贷款回收情况 |
| 经营管理效率比率 | | |
| 每名信贷员负担的借款人数（贷款笔数） | 有效借款人数（有贷款的） / 信贷员数<br>或<br>贷款余额笔数 / 信贷员数 | 反映信贷员行为和借贷方法的效率。信贷员是指直接负责发放和回收贷款的工作人员 |
| 发放每笔贷款的成本 | 操作费用（经营成本） / 发放贷款的笔数 | 说明每发放1笔贷款需要花费的成本，反映发放贷款的效率（以借款人数衡量） |
| 借出单位资金的成本 | 操作费用（经营成本） / 发放贷款总额 | 说明每发放1元贷款需要花费的成本，反映发放贷款的效率（以资金量衡量） |
| 赢利能力比率（可持续性比率） | | |
| 操作自负盈亏率 | 金融收入 / (资金成本＋贷款损失预留＋操作费用) | 反映机构内部经营收入弥补操作成本的能力 |
| 金融自负盈亏率 | 金融收入 / (调整的资金成本＋贷款损失预留＋调整的操作费用) | 反映机构弥补操作成本和维持资本价值，实现长期持续性的能力 |
| 运营资产回报率 | 金融收入 / 平均运营资产 | 反映信贷服务和投资活动的金融生产率 |

### 2. 幸福工程小额信贷的运行状况

本节对幸福工程的小额信贷产品及其贷款质量、赢利能力和效率几个方面进行考察，做出评价。

（1）产品。

所谓产品，就是幸福工程提供给每个贫困母亲的小额信贷资金，即贷款。信贷产品设计得是否合适，从借款人角度看，要看它能否满足借款人需要，借款人能否承受，是否给借款人造成了不合理的负担；从贷款人角度看，要看它能否安全收回，能否带来合理的收益（主要是利息）来弥补成本和风险，使贷款人可以持续地循环发放贷款。

产品的构成要素一般包括价格（即利率）、额度、期限、还款周期、担保条件等。这些要素综合起来对借贷双方的行为和利益产生影响。一个好的贷款产品既能满足借款人的融资需要，使其承受得起，可以连本带息偿还，同时没有对其造成负面影响，而且能够弥补贷款人为此事业付出的成本，避免可能产生的风险。

由于幸福工程的福利主义导向，其小额贷款基本上是不收息或低息的，整贷整还，期限大多为 1 年，贷款金额各项目县不一样，金额低的在 1000 元左右，高的也一般不超过 10000 元，多数在 3000 ~ 5000 元，担保方式采用公务员工资担保或者借款户联保的方式。但是，河北省易县项目采取的是制度主义的做法，参照易县扶贫经济合作社的小额信贷模式，收取市场化的利率，并且分期收款。

从下面的分析将会看到，采用福利主义做法的地方小额信贷运作成本都比较高、效率相对低下，自我可持续发展能力较弱。

（2）担保。

为了保证收回小额循环资金，有些地方要求有公务员身份的人员提供个人保证，有的地方要求县政府或乡镇提供担保。这两种做法对收回资金可能都是有效的，但是至少会存在两个问题：一是找一个公务员为自己的借款担保并不是每个贫困母亲都能做到的，这样有可能使一些真正贫困而需要帮助的家庭得不到帮助。二是可能造成县、镇政府的负担，使他们不愿意开展幸福工程。

解决这个问题，需要在资金使用管理办法和人员技能培训上下功夫，一些地方已经取得了比较成功的经验，如河北省易县幸福工程采用联保、分期还款等办法有效地防范了风险，比较好地解决了上述两个问题。

（3）贷款质量。

作为衡量项目管理效果的指标，幸福工程使用了还款率指标。国内外一些福利主义的小额信贷在考核贷款质量时一般都使用这个指标。还款率是已还贷款占应还贷款的比例，反映的是应该收回的贷款收回了多少，但是没有反映尚未收回的贷款中有多少是应该收回的，有多少处于风险当中，风险的大小如何，能收回的可能性有多大等。因此，一个追求可持续发展或者可持续经营的小额信贷机构或项目注重的贷款质量指标是拖欠率、风险贷款率和损失率等。

由于各地数据的完整性不一，有的地方得不到相应的数据，致使有的比率无法计算。例如，风险贷款率和拖欠率是衡量信贷风险最重要的指标，但是由于幸福工程没有严格的逾期定义以及逾期金额和带有逾期的贷款余额统计数字，也就难以准确计算这两个比率，也就难以分析判断资金的风险状况。还款率在一定程度上反映了贷款回收的努力成果，但是反映不了没有收回的资金的质量。而信贷管理的重中之重是关注仍然未收回的贷款余额的质量，有多少能够收回，有多少可能拖欠，甚至损失。因此，小额信贷管理更应该使用风险贷款率和拖欠率，因为它们反应的是贷款余额的风险情况。

幸福工程中许多县的还款率都是100%，相应的，它们的拖欠率和风险贷款率都是0。这意味着它们的小额贷款的质量是非常好的。但是，需要注意的是这些救助金是否按照借款合同约定的时间偿还的。如果每个项目点都能够严格按照与借款人合同约定的还款时间做到100%的还款率，那意味着贷款质量真正良好。实际上许多福利主义的小额信贷项目对还款时间并没有严格要求，只要在贷款合同期满前后一段时间还款可能都被接受，没有算为提前还款，也没有当成拖欠。这种信贷资金管理模式对于非商业性的扶贫项目有时是可以理解和接受的，因为他们更关注照顾借款人，而把信贷纪律放在次要的位置。但是，如果要提高资金使用效率，提高可持续发展能力，这种管理方式就需要改变，采用更为严格的制度主义管理方式，不仅在产品设计上适应借款人的特点和需要，同时兼顾信贷资金的按时归还和高效运用、可持续发展能力与严格的信贷纪律。

（4）赢利能力。

考虑赢利能力指标并不意味着小额信贷项目或机构要以赢利为目的，而是考察小额信贷项目自我“造血”、可持续发展的能力和对外界资金的依赖程度。国际经验表明，小额信贷项目不会永远得到捐赠资金的“输血”，如果要长期可持续发展，就需要建立自身的“造血”机能。小额信贷赢利能力比率就是衡量这种“造血”能力的指标。

本案例中使用操作自负盈亏率和运营资产回报率来考察幸福工程自身的赢利能力。由于幸福工程资金全部来自捐赠或政府拨款，所以，在操作成本中没有资金成本这一项；幸福工程也不提取风险准备金，也没有贷款损失预留这一项。操作成本中只有操作费用，即因管理发放、回收资金等工作而产生的费用。幸福工程每个项目点的操作费用是不同的，而且都非常有限，不足以抵补开展幸福工程的全部开支。所以，各项目县市旗都从财政中为幸福工程支出了操作经费，包括兼职人员的工资福利、办公用房、办公设备和用品、交通车辆、差旅、水电气、项目人员培训等。这部分经费是对幸福工程操作经费的补贴。为了反映项目操作真实成本，这部分政府补贴也应计算在操作成本中。

在幸福工程中，有的项目县市不收取资金使用费或管理费，即小额信贷业务的收入为零。那么，自负盈亏率就是零，即这种方式对于项目本身而言没有“造血”机能，必须完全依靠外界的捐赠才能运行。有的项目县收取管理费，例如，河北易县项目自 2004 年以来各年平均操作自负盈亏率为 62.61%，但是，由于其采取了市场化利率、等额分期还本付息的办法，其实际有效利率约为 10.96%，因此，到 2009 年，其操作自负盈亏率已经超过 100%，而且可以看到，易县的运营资产回报率年均达到了 11.32%，是一个比较高的水平了。可以说，易县幸福工程已经基本实现自我可持续发展。

（5）管理效率。

管理效率可以用三个指标来衡量：借出单位资金成本比率，反映发放 1 元救助金需要花费的成本；发放每笔贷款的成本；每名信贷人员管理的有效借款人数，即每个一线负责救助资金发放和回收的专职人员能够管理多少个目前正在使用救助资金的贫困母亲，反映人员工作效率。这里的信贷员不包括管理和支持岗位的人员。

幸福工程的各项目县市的管理效率相差较大，但是比较共同的特点是资金发放成本高，在不收取管理费的项目点，这些成本都需要项目支付或者当地政府补贴。另一个特点是人员工作效率普遍较低。一些项目县市一线工作人员管理的有效客户都低于 100 人。在小额信贷实践中，国内外这一比率一般在 200～300 人。

3. **小结**

从以上分析可以看出，幸福工程的"治穷"资金的运行方式是比较典型的福利主义模式，这种模式追求帮助最贫困的群体。但是，能否实现这个目标还取决于很多因素，其中一个重要因素就是利率，在幸福工程中就是资金的管理费率。国内外几十年的扶贫历史一再证明，无利息或低利息的扶贫资金常常到达不了目标群体。因为这样优惠的资金常常为强势人群所占用，最贫困的群体常常是最弱势的，他们只能被动地等待被惠及。

由于福利主义的做法，幸福工程自我可持续发展能力较弱。如果这样长期发展，必须不断有外部资金的补充，不管这些资金是来自政府，还是来自社会捐赠。同在幸福工程下，不同的操作方法对项目的运行状况也有极大的影响，各地项目的贷款质量、赢利能力和效率都存在差别，需要认真总结和适当调整。

## 四　项目可持续性

幸福工程已经开展 15 年了，但是其使命并没有完结。城乡差距、收入差距在相当长一段时间内不会消失，计划生育仍然是我国的一项基本国策，还有相当大数量的贫困母亲需要救助。所以，幸福工程有必要持续下去。

幸福工程能否持续发展，项目的组织管理体系、资金来源、人员的稳定和专业能力以及资金的运作方法将起到关键的作用。

**1. 组织管理体系**

幸福工程目前的组织管理体系主要是由各级计生协会组成的，是计划生育行政管理系统的辅助性的网络化组织体系。在县级以下，这个组织体系与政府行政管理体系基本融合，具有一定的政府行为色彩。在政府资源的支持下，这个体系稳定而持续。

**2. 资金来源的稳定性**

如前面分析的那样，幸福工程的资金来源基本上可以分为捐赠资金和地方财政资金。捐赠资金的稳定性取决于项目目标、项目的效果、社会影响力、社会环境以及经济状况等内外多种因素，而这些因素不总是可控的，尤其外部因素是难以控制的。因为幸福工程的成绩和社会影响，15 年来捐赠资金来源总体上比较平稳，但是，随着越来越多的慈善组织的建立、公益项目的增多，慈善募款市场的竞争将会加剧，幸福工程捐款资金的稳定性将面临挑战。

在地方层面上，有些县市开始在财政预算中划拨一定比例的社会抚养费收入用于幸福工程，如果这种做法可以常规化，那么在基层幸福工程的资金将可能获得一个稳定的来源，有利于长期开展下去。与其他部门扶贫资金配套使用是另外一种有益的尝试，虽然这些资金没有直接进入幸福工程的预算，但是扩大了资金规模和效用，是一个值得继续探索的好办法。

**3. 人员专业能力与稳定性**

幸福工程是为了配合政府政策而生，也离不开政府而运行。幸福工程的管理人员大都是兼职人员，在基层更是如此。计生协会是计生部门下属的社团组织，主要领导可能会被提拔或调动，稳定性不高，但是，其他人员一般都不是公务员，流动性不高。这种情况对幸福工程是有利的，能够保证人员队伍的相对稳定。

但是，计生协会的本业是开展计划生育工作，而不是信贷资金的管理，所以，幸福工程的基层操作人员在资金管理的专业知识上相对就比较弱，这是幸福工程开展小额信贷的不利之处。因此，专业化的培训显得格外重要。在人员稳定的情况下，专业化的有针对性的培训对提高资金管理质量应该具有很好的促进作用。

### 4. 小额信贷资金的运作模式

"治穷"的小额循环资金是幸福工程最大的组成部分，目前不收取管理费的方式不利于资金的保值增值，使得幸福工程不得不依赖于长期不断的募捐和政府的经费补贴。当然，作为政府推进计划生育的一个重要辅助手段，政府补贴也是合情合理的。但是，这样，幸福工程做得越多、越大，基层政府的补贴负担就越重，可能影响基层政府实施项目的积极性，尤其是当计划生育工作的压力比以前减轻的情况下。因此，为了可持续发展，充分利用有限资金，转变以往的资金使用模式，增强项目自身可持续发展能力可能是幸福工程组委会必须考虑的问题。

### 5. 小结

只要社会需求存在，追求项目的可持续发展就是必要的，而且随着社会需求和环境的变化，项目的战略、规划和发展模式等都需要作出相应的调整。这种调整至少受到上述几个方面因素的影响，这些因素又是相互制约的。因此在制定可持续发展战略时应该对这些因素统筹考虑。

## 五　结论与建议

幸福工程实施 15 年来取得了巨大的成绩，社会影响深刻而广泛，为自身树立了良好的社会形象和公益品牌，促进了我国慈善公益事业的健康发展。纵观幸福工程 15 年的历程、成绩和教训，可以初步总结出以下几点基本结论。

**1. 成功的经验**

（1）实现了幸福工程宗旨和目标。

从实地调查情况看，尽管有目标偏离现象，总体而言，幸福工程的救助对象符合项目设定的目标人群，通过“三治”实现了项目设定的帮助实行计划生育的贫困母亲及其家庭脱贫致富的目标，而且通过她们带动了更多人走向富裕道路。让人们看到了实行计划生育的益处，促进了社会生育观念的转变和社区和谐发展，改善了计划生育工作中的干群关系，为计划生育工作创造了良好的条件，推动了计划生育这一基本国策的有效落实。

（2）建立了计划生育利益导向机制。

幸福工程项目是一个系统社会工程，在实施过程中，建立了政府牵头，各方配合的运作机制，把各部门的资金、政策、物资向实行了计划生育的困难家庭倾斜。幸福工程项目不仅在生活上“扶贫”，在思想上“扶志”，而且在能力上“扶技”，让她们切实感受到了实行计划生育的好处，得到实实在在的好处，引导更多家庭实行计划生育，从而建立了计划生育利益导向机制，对开展计划生育工作起到了良好的促进作用。

（3）建立了民间组织配合政府推进计划生育的工作机制。

随着政府职能的转变，越来越多的社会工作需要非政府组织的参与。幸福工程主要由中国人口福利基金会和中国计划生育协会管理，虽然在基层与政府部门有部分重合，但是，从上而下都是由计生协会运作，形成了民间组织配合政府推动计划生育工作的良性运作机制，是对政府工作的重要而有效的补充，15 年的经验证明这种运作机制是有效的。

（4）形成了规范的项目管理制度。

在幸福工程发展的过程中，逐步形成了比较完善的项目管理规范和制度，为项目的顺利开展创造了条件。

（5）探索了多部门合作和多种救助模式创新。

目前，政府很多部门都有扶贫任务和资金安排，在基层政府的组织协调下，计生部门与其他部门合作，将各自渠道的资金整合使用，发挥了更大的合力，对救助贫困母亲起到了更好的作用。各地根据当地实际情况，创造了许多不同的资金使用模式，其中一些有效的做法值得总结推广。

**2. 面临的挑战**

（1）竞争与可持续发展。

目前国内以贫困家庭，尤其是贫困妇女为救助目标的扶贫项目越来越多，公益项目和捐赠“市场”的竞争逐渐激烈，如何保持幸福工程的作用和影响，使幸福工程能够持续发展下去，是幸福工程各级组委会面临的问题和挑战。

（2）项目资金来源。

在项目资金方面的挑战可以分为几个方面。

一是地方配套资金。不同项目点因经济发展水平不同，提供配套资金的能力也不同。比较贫困的地区就很难提供配套资金，即使在申请项目时提供了配套资金，但是等项目到手，全国组委会的资金到账后，配套资金也就以各种名义挪走了。所以，在有些地方幸福工程要求的配套资金是难以落实到位的。这需要对发展程度不同的地区采取不同的要求，灵活处理。

二是工作经费。幸福工程中专门的工作经费是非常有限的，而且不是每个项目点都有，这样县级项目办就得使用本级计生协会有限的工作经费，这对于贫困地区来说是有困难的。经费的不足会带来许多问题。

三是资金运作收益。在筹款困难、经费紧张的情况下，许多幸福工程项目点不收取资金管理费，或者费率很低，或者收不上来，都使项目资金不能保值增值，如果有呆账、坏账，项目资金还会萎缩。所以，幸福工程有必要考虑是否收取足够的管理费的问题。然而是否收取资金管理费，费率是高还是低，则面临着观念更新、各方协调等问题。

（3）创新项目管理模式。

一些创新模式已经突破了“小额资助、直接到人”的原则，尤其是一些将资金贷给企业，由企业为贫困母亲提供就业岗位的做法。这种做法不管是出于帮助贫困母亲增加收入，还是出于减轻自身工作难度，一个客观事实是，并不是所有的贫困母亲都有良好的生产技能和经营管理才能，对那些能力较弱又需要救助的贫困母亲怎么去帮助呢？从这个角度讲，幸福工程与私营部门合作解决这样的贫困母亲家庭生计的问题，也不失为一种可考虑的思路，尤其是在幸福工程扩展到城市，面对城市的贫困妇女。但是，这需要深入研究和审慎的决定，毕竟这关系到幸福工程的社会形象、受益人群范围和数量、扶贫干预措施等战略性问题。

（4）资金管理办法。

从操作层面讲，“治穷”资金的管理方法是有待调整的，其基本的问题是额度较小，周转期长，效率低。近年来，国家和各级地方政府加大了对贫困地区的资金投入，农村发展项目渐多，支持力度渐强，农民经济和社会保障状况改善，农民发展的愿望增大，从报告的分析可以看到，幸福工程项目的救助额度已不能满足农户的需求，差距较大。救助对象已经不仅仅满足于解决“生存贫困”，在这个基础上要解决“发展贫困”的问题，要求资助款能够满足她们扩大再生产的融资需求。此外，前面还分析了资金管理费、用款期限、还款周期和频率、还款担保等问题。这些具体的操作办法与其他资金使用政策和纪律对项目的运行效率和效果也有重大影响。所以，幸福工程应该根据新形势调整操作管理办法。

（5）人员专业素质。

幸福工程的“治穷”救助金采用小额信贷形式运作，涉及财务、金融、项目管理等多方面的专业知识，而承担项目运作的各级计生协会人员由于专业背景的原因，缺少系统的金融知识和管理经验。

（6）农业产业化与信贷风险过度集中。

在扶贫开发过程中，为了提高资金使用效率和规模效益，常常采用“一村一品”的策略。许多幸福工程的项目采用了这种方法。这种方法的好处显而易见，但同时也造成了风险集中度过高，即“鸡蛋都放到了一个篮子里”。如果发生自然灾害或其他市场巨大变化，都可能使这一产业面临无法挽回的损失。那么，救助资金也就面临坏账风险。这需要制定相应的风险分散和灾害管理战略。

### 3. 建议

2007 年国家颁布了《关于全面加强人口和计划生育工作统筹解决人口问题的决定》，明确指出：必须坚持长期实行计划生育的基本国策，充分发挥党和政府在人口和计划生育工作中的主导作用；坚持国家指导与群众自愿、宣传教育与利益导向、行政管理与群众工作、整体推进与分类指导相结合，加强并改进人口和计划生育工作，促进人口的全面发展；坚持人口与发展综合决策，坚持理论创新、体制创新、管理创新、科技创新，不断提高人口和计划生育工作依法行政、社会管理和公共服务水平。幸福工程完全符合国家政策和中央要求，应该在新时期人口和计划生育工作中发挥更重要的作用。

该决定指出，人口和计划生育工作的重点、难点在农村，我国农村生产力还不发达，公共事业发展滞后，社会保障制度不健全，群众生育意愿尚未根本转变，基层基础工作发展不平衡，流动人口管理服务缺乏有效手段，稳定低生育水平面临诸多困难，人口结构性矛盾和深层次问题愈益突出。因此，幸福工程的任务还远远没有完成。

在前面各部分的分析当中已经提出了一些建议，这里需要特别强调的有以下几点。

(1) 找准定位，总结经验，适时调整，适应新形势和新任务。

面临着新的人口计生形势和扶贫项目日益增多的情况，找准自身的定位最重要。找准定位才能相应地制定行动战略和具体方案。将扶贫、妇女发展与计生工作相结合的大型公益项目在国内只有幸福工程，这是它的独特之处，别的项目无法与之争锋。需要做的是根据新形势、新任务，在保持计生特色的同时，不断丰富“幸福”的内涵，这样可以为筹资找到新的亮点，并丰富项目内容，为项目持续发展寻找新的扩展空间。

(2) 调整项目组织管理结构，提高运作效率。

在目前幸福工程的目标和任务下，现有的项目组织管理体系基本上是适应需要的。如果要丰富项目内容，或向制度主义方向发展，现有的组织管理结构可能需要调整。调整可以分为两种：一种是外科手术式，即更换基层的操作机构，改为专业机构。这样做的代价是可能失去计生系统的支撑。这个代价将是非常昂贵的，因为计生系统从上至下，一直到村，是非常完善的，系统的行动力还是很强的。另一种是内部改革，不调整现有的项目管理组织结构，将计生协会内部负责幸福工程的部门专业化，培训人员。这样做的成本是要支撑一个新部门的运转。为了项目的顺利延续，折中的办法是原来的项目工作继续由原来的项目管理机构承担，新的任务可以根据需要寻找新的合作伙伴。

（3）利用现有的财政投入体制，建立幸福工程长期投入保障机制。

目前，一些项目旗县市已经开始将幸福工程的一部分资金纳入财政预算。“十二五”期间，国家对人口和计划生育工作的财政投入将大幅增长。在现有项目管理体系继续运作的情况下，可以总结已有旗县市财政投入幸福工程的经验，探索财政长期投入的办法，并继续募集社会善款。

（4）与其他部门和项目协作，形成合力。

目前国家对扶贫等公益事业有多种投入渠道，各部门都有一定的资金，幸福工程可以与它们建立合作关系，将资金配合使用，既不重复投资，避免不必要的竞争和浪费，也可将单一资金整合在一起，形成更大的扶助力量。

（5）加强宣传，提高幸福工程的社会影响力。

幸福工程15年来取得了巨大的成绩，但是其社会影响力还有待提高。全国组委会应该制定统一的宣传战略，各级项目机构都应充分利用各种媒体、采用多种方式进行宣传，提高幸福工程的社会声誉。

（6）防止公益目标偏离的问题。

公益目标偏离对公益项目是致命的伤害，在业务模式调整过程中需要特别注意防止服务目标的偏离。张晓山研究员曾引用制度经济学大师道格拉斯·诺思观点，认为判断一个制度好坏的依据在于：收益是否大于成本、收益由谁获得、成本谁来负担，利益的均衡才是和谐的根本。[①] 在审视一些项目点所谓的创新模式是否符合幸福工程确立的宗旨和目标时，这个观点可以作为一个评判标准。

① 王鸿谅：《中国社科院农村发展所：智力与政策之间》，《三联生活周刊》2010 年第 10 期。

# 参考文献

## 中文

1.〔美〕奥里弗·E. 威廉姆森:《治理机制》，王健等译，中国社会科学出版社，2001。

2.〔美〕奥利弗·E. 威廉姆森:《资本主义经济制度——论企业签约与市场签约》，段毅才等译，商务印书馆，2002。

3.〔美〕保罗·米尔格罗姆等:《经济学、组织与管理》，费方域等译，经济科学出版社，2004。

4. 北京市法学会经济法研究会:《公司治理结构的理论与实践》，机械工业出版社，2004。

5.〔英〕查尔斯·里德比特:《社会企业家的崛起》，环球协力社编译，2006，参见 http://www.glinet.eu/DEMOSspBokklet.pdf。

6. 程恩江:《中国非政府组织扶贫：小额信贷案例分析》，中国国际扶贫中心研究报告，2010 年第 3 期，参见 http://www.iprcc.org.cn/front/article/article.action? id =688。

7. 丁开杰:《从第三部门到社会企业：中国的实践》，中央编译局、英国文化协会、DEMOS《透视社会企业：中国与英国的实践》，2007，参见 http：//britishcouncil. org. cn。

8. 杜晓山等：《中国公益性小额信贷》，社会科学文献出版社，2008。
9. 杜晓山：《中国农村小额信贷的实践尝试》，杜晓山等主编《中国小额信贷十年》，社会科学文献出版社，2005。
10. 杜晓山：《有关小额信贷的若干热点和难点问题》，中国小额信贷中心主办《小额信贷动态》2001 年总第 1 期。
11. 杜晓山：《小贷公司现状“三人谈”：出路在哪？如何转型?》，中国小额信贷联盟网站，http：//www. chinamfi. net，2011 年 7 月 11 日。
12. 杜晓山等著《中国公益性小额信贷》，社会科学文献出版社，2008。
13. 高永兴：《青年与社会企业家》，社会企业全球资讯网，http：//se. npo. org. tw/index. asp，2010/12/11。
14. 国务院扶贫办外资项目管理中心：《全国贫困村互助资金交叉检查情况报告》2011 年 6 月。
15. 〔美〕亨利·汉斯曼：《企业所有权论》，于静译，中国政法大学出版社，2001。
16. 胡伟：《意思自治的法哲学研究》，中国社会科学出版社，2012。
17. 金锦萍：《社会企业的兴起及其法律规制》，《经济社会体制比较》2009 年第 4 期。
18. 金锦萍：《非营利法人治理结构研究》，北京大学出版社，2005。
19. 康晓光：《NGO 扶贫行为研究》，中国经济出版社，2001。
20. 〔德〕柯武刚、史漫飞：《制度经济学——社会秩序与公共政策》，韩朝华译，商务印书馆，2000。

21. 刘文璞:《非政府组织小额信贷的可持续发展》,中国社会科学院贫困问题研究中心编《小额信贷扶贫交流通讯》2003 年第 6 期。

22. 〔美〕罗纳德·H. 科斯:《企业的性质》,《企业、市场与法律》,盛洪等译,上海三联书店,1990。

23. 〔美〕玛格丽特·M. 布莱尔:《所有权与控制:面向 21 世纪的公司治理探索》,张荣刚译,中国社会科学出版社,1999。

24. 〔德〕马克斯·韦伯:《经济与社会》(上卷),林荣远译,商务印书馆,1998。

25. 毛泽东:《矛盾论》,中共中央党校《毛泽东著作选编》,中共中央党校出版社,2004。

26. 〔孟〕穆罕默德·尤努斯:《创造没有贫困的世界:新的企业模式》,鲍小佳译,中信出版社,2008。

27. 彭靖、李东林:《宁夏盐池小额贷款的实践:社会企业视角》,《中国非营利评论》2010 年第 2 期。

28. 〔日〕青木昌彦:《比较制度分析》,周黎安译,上海远东出版社,2002。

29. 任常青:《中国非政府组织小额信贷机构制度安排的症结与出路》,中国社会科学院农村发展研究所编《中国农村发展研究报告 No. 7》,社会科学文献出版社,2010。

30. 中国人民银行:《小额贷款公司指导手册》,中国金融出版社,2006。

31. 世界银行扶贫协商小组:《小额信贷规则与监管指导原则》(2002 年 9 月),中国社会科学院农村发展研究所《小额信贷研究》2004 年第 2 期。

32. 〔冰岛〕思拉恩·埃格特森:《经济行为与制度》,吴经邦等译,商务印书馆,2004。
33. 孙同全:《扶贫小额信贷与公益信托制度研究》,经济科学出版社,2006。
34. 孙同全:《农村金融新政中非政府小额信贷的发展方向探析》,《农业经济问题》2007 年第 5 期。
35. 孙同全:《柬埔寨小额信贷的发展历程和启示》,中国社会科学院贫困问题研究中心《小额信贷扶贫》2009 年第 3 期。
36. 孙同全:《非政府组织小额信贷的转型、定位和政策》,中国社会科学院贫困问题研究中心《小额信贷扶贫》2007 年第 4 期。
37. 孙同全:《中国小额信贷政策法律环境的现状与前景》,《中国金融》2008 年第 23 期。
38. 田凯:《国外非营利组织理论述评》,《学会》2004 年第 10 期。
39. 〔美〕托马斯·卡明斯等:《组织发展与变革精要》,李剑锋等译,清华大学出版社,2003。
40. 王灵俊:《NGO 小额信贷式微》,《南方周末》2010 年 12 月 10 日。
41. 王名:《中国民间组织 30 年——走向公民社会(1978~2008)》,社会科学文献出版社,2008。
42. 王名、李勇、黄浩明:《英国非营利组织》,社会科学文献出版社,2009。
43. 吴国宝:《扶贫模式研究——中国小额信贷扶贫研究》,中国经济出版社,2001。
44. 徐晞:《我国非营利组织治理问题研究》,知识产权出版社,2009。
45. 于晓静:《英国的社会企业及其治理结构》,王名等编著《英国非营利组织》，社会科学文献出版社，2009。

46. 〔美〕约翰·康芒斯：《制度经济学》（上册），于树生译，商务印书馆，1962。

47. 〔美〕约翰·罗尔斯：《正义论》，何怀宏等译，中国社会科学出版社，1988。

48. 〔英〕约翰·穆勒：《功利主义》，徐大建译，上海世纪出版集团、上海人民出版社，2008。

49. 〔美〕珍·魏-斯基勒恩等：《社会部门中企业家精神》，翟启江等译，社会科学文献出版社，2011。

50. 郑秉文：《“市场失灵”分析》，《中国人文社会科学博士硕士文库（续编）：经济学卷》，浙江教育出版社，2005。

51. 中国人民银行：《中国农村金融服务报告 2010》，http://download.chinagate.cn/ch/pdf/20110304.pdf。

52. 中共中央党校教务部编《马列著作选编》，中共中央党校出版社，2002。

53. 周雪光：《组织社会学十讲》，社会科学文献出版社，2003。

## 英文

1. Elizabeth T. Boris and C. Eugene Steuerle, *Nonprofits and Government*, Urban Institute Press, 2006.

2. Henry Hansmann, "The Role of Nonprofit Enterprise", *The Yale Law Journal*, Vol. 89, No. 5, April 1980.

3. Howard Lune, *Understanding Organizations*, Polity Press, 2010.

4. Jamie Bartlett, Molly Webb (2007), "Values to Venture: SocialEnterprise in the UK", British Council, DEMOS and China Center for Comparative Politics and Economics, *Social Enterprises Overview: A UK and China Perspective*, http://www.britishcouncil.org.cn, 2009.

5. James J. Fishman, Stephen Schwarz, *Nonprofit Organizations*, Foundation Press, 2006.

6. J. Gregory Dees, "The Meaning of 'Social Entrepreneurship'", Aug/9/2011, http://www.caseatduke.org/documents/dees_ sedef. pdf.

7. Joanna Ledgerwood and Victoria White, "Transforming Microfinance Institutions: Providing Full Financial Services to the Poor", The World Bank, 2006.

8. John Elkington, Sophia Tickell, "Scalable Solutions: The Role of Social Entrepreneurship in Solving Sustainability Challenges", Aug/9/2011, http://tidescanada.org/wp - content/uploads/files/causeway/Scalable _ Solutions. pdf.

9. Kate Lauer, "Transforming NGO MFIs: Critical Ownership Issues to Consider", CGAP: Occasional Paper, No. 13, 2008.

10. Maria Otero, "Governance and Ownership of Microfinance Institutions", Working Report, Microenterprise Best Practices, Funded by USAID, Aug/9/2011, http://www.gdrc.org/icm/govern/govern. pdf.

11. Marvin Olasky, *The Tragedy of American's Compassion*, Regnery Publishing Inc. , 1992.

12. Muhammad Yunus, *Building Social Business: The New Kind of Capitalism that Serves Humanity's Most Pressing Needs*, Public Affairs, New York,

2010.

13. Office of the Third Sector, Cabinet Office, UK, "Social Enterprise Action Plan: Scaling New Heights", Jul/12/2011, http: //www. uk. oop/system/files/sites/default/files/se_ action_ plan_ 2006. pdf.

14. Paul C. Light, *The Search for Social Entrepreneurship*, Brookings Institute Press, Washington D. C. , 2008.

15. Paul Milgrom, John Roberts, *Economics*, *Organization and Management*, Prentice Hall, 1992

16. Rachel Rock, Maria Otero, Sonia Saltzman, " Principles and Practices of Microfinance Governance", Working Report, Microenterprise Best Practices, Funded by USAID, Jul/32011, http: //www. cgap. org/docs/FocusNote.

17. R. Edward Freeman, *Strategic Management*: *A Stakeholder Approach*, Cambridge University Press, 2010.

18. Robert Peck Christen, Timothy R. Lyman, Richard Rosenberg, "Microfinance Consensus Guidelines: Guildlines of Regulation and Supervision of Microfinance", The Consultative Group to Assist the Poor (CGAP), The World Bank Group, 2003.

19. Social Enterprise Alliance, *Succeeding at Social Enterprise*: *Hard – won Lessons for Nonprofits and Social Enterprises*, Jossey – Bass, 2010.

20. UK Stationery Office, *The Community Interest Company Regulations*, 2005.

# 索　引

# 后　记

本书是在中国社会科学院重点课题研究报告《演进中的中国公益性小额信贷组织制度》的基础上修改完成的，是近年来我们对公益性小额信贷发展继续观察和思考的部分总结。

2006 年之后，我国小额信贷领域发生了巨大变化，商业性小额信贷迅猛发展，新政策、新机构如雨后春笋，层出不穷，令人眼花缭乱。与此形成鲜明对照的是，公益性小额信贷的发展却困难重重。实务界和理论界对非营利组织形式的适应性进行了大讨论，并尝试突破组织制度方面的困境。

近几年来，我们不断收集、整理了一些国内外研究文献，但投入了更多的时间进行实地调研，深入调查各类公益性小额信贷机构的运作情况和组织制度现象，与实际工作者交流，并参加各种学术研讨活动，试图深入理解公益性小额信贷各利益相关方的行为及其背后的动因和行为结果。在此过程中，我们逐渐发现社会企业理论可能提供理论解释，社会企业也可能成为公益性小额信贷组织发展的方向。但是，由于社会企业是一种新兴的组织现象，当时国内尚缺乏深入研究的理论成果可供借鉴，收集国外研究成果又缺少相关渠道，研究进展缓慢。

2011年，我在美国杜克大学（Duke University）访学期间，有幸遇到了被誉为美国“社会企业教育之父”的格里高利·迪斯教授（J. Gregory Dees），并经他安排参加了两次有关社会企业的国际研讨会，与会学者有关社会企业实践和理论的探讨为本书的研究思路提供了重要线索。

在本项研究中，潘忠博士参与了研究框架设计，进行了理论梳理，撰写了新案例，并对已有案例进行了修改和补充。作为本项研究的重要基础，本书包含了若干公益性小额信贷组织或项目的案例，其中湘西和定西的两个案例是根据中国国际经济技术交流中心白澄宇处长和谢进副处长以及这两个机构提供的资料完成的，其他案例原稿是我与我的同事以及中国社会科学院研究生院的部分研究生经实地调研而完成的。这些同事和同学的名字已在案例中注明。因此，本书也包含着这些同事、朋友和同学们的辛勤劳动和智慧结晶。在此，我要对他们表示深深的谢意！

本项研究报告完成后，得到了吴国宝研究员、任常青研究员和何广文教授的评阅。他们提出了中肯、富有见地的修改建议。本书在修改和定稿过程中融合了他们的建议。在此，我要衷心感谢这些朋友的帮助！

享有“中国小额信贷之父”之誉的杜晓山研究员拨冗为本书作序，使我深感荣幸、备受鼓舞。多年来，我一直在他的关心、指导和支持下从事研究工作，获益良多。值本书出版之际，我要向杜晓山研究员致以深深的谢意和敬意！

本项研究也得到了公益性小额信贷机构及其实际工作者的大力支持。他们始终站在服务民众、服务社会的最前沿，公益性小额信贷的发展饱含了他们的汗水与智慧，其中的酸甜苦辣只有他们最清楚。我一直非常敬重他们，向他们学习，并感谢他们多年来给予的帮助和支持。

在本书编辑出版的过程中，社会科学文献出版社的恽薇女士、王莉莉女士和韩德江先生及其他人员付出了大量辛勤的劳动，在此也深表谢意！

由于我们的理论水平有限和实践经验不足等原因，本项研究存在很多缺陷，有待进一步更正和深化，诚挚希望得到读者的批评指正。

孙同全

2013 年 9 月

**图书在版编目（CIP）数据**

社会企业道路：中国公益性小额信贷组织转制问题初探／孙同全，潘忠著．—北京：社会科学文献出版社，2013.9

ISBN 978－7－5097－4938－8

Ⅰ．①社… Ⅱ．①孙… ②潘… Ⅲ．①信贷－金融组织－研究－中国 Ⅳ．①F832.39

中国版本图书馆 CIP 数据核字（2013）第 179990 号

**社会企业道路**

——中国公益性小额信贷组织转制问题初探

著　　者／孙同全　潘　忠

出 版 人／谢寿光
出 版 者／社会科学文献出版社
地　　址／北京市西城区北三环中路甲 29 号院 3 号楼华龙大厦
邮政编码／100029

责任部门／经济与管理出版中心（010）59367226
责任编辑／王莉莉　韩德江
电子信箱／caijingbu@ssap.cn
责任校对／师军革
项目统筹／恽　薇　王莉莉
责任印制／岳　阳
经　　销／社会科学文献出版社市场营销中心（010）59367081　59367089
读者服务／读者服务中心（010）59367028

印　　装／三河市东方印刷有限公司
开　　本／787mm×1092mm　1/16
印　　张／16
版　　次／2013 年 9 月第 1 版
字　　数／190 千字
印　　次／2013 年 9 月第 1 次印刷
书　　号／ISBN 978－7－5097－4938－8
定　　价／49.00 元